feel the "Light & Air"

The smell of coffee brewing wafting from the through an open window,
in a blue I see a fluffy white cloud hovering over
a deep the ocean breeze is fresh and crisp.

見た人がとにかく自由に想像を膨らませることのできる模型を、今もこれからも作り続けたいですね

まずは2冊目となる単行本を無事にお届けできてホッとしています。自分の中で前作の『ランドスケープ・クリエイション』から特に大きく変化した点などはないのですが、単なるテクニックの自慢ではなくて見ている人に喜んでもらえるような作品を作りたい、という気持ちは変わっていないつもりです。

私の作品には基本的にフィギュアがほとんど置いてありません。普通ダイオラマ作品というと、例えば戦車や車や飛行機のようなストラクチャーがまずあってそこにフィギュアがいて、そのフィギュアや乗り物がなんらかのストーリーを語るという作りになっていると思うのですが、そういった作品の作り方をしていないのには理由があります。

私が作品にあまりフィギュアを置かないのは、ひとつでもフィギュアがいるとそのフィギュアのための情景になってしまい、建物や風景自体がただの背景になってしまうのを避けたい、という気持ちからのことです。私が作品を作るときに第一に考えているのは「自分がこの作品の風景や場所にいってみたい、そこで時間を過ごしてみたいという情景をかたちにする」ということで、見る人にもここに行ってみたらどんな感じなんだろう、というような想像をしてもらいたいと思っています。それはこの本に収録されている作品のほとんどに言えることで、やはり見る人に想像を膨らませてもらえ、そうすることで見る人に喜んでもらえるようなものが自分の作品の理想だというのは、私の作品製作に関しては一貫したポリシーとなっています。もしできれば、読者の皆さんにもそういう楽しみ方をしていただければ望外の幸せです。

今後の自分の作品への展望ですが、できれば車みたいな記号がまったくなくて、ハワイだとかロサンゼルスだといったような地域も決めない、見た人がより自由に想像できるような作品を形にしたいと思っています。見方によっては日本の風景でもおかしくないし、でも海外の情景にも見えるような、より自由度の高い、見ている人の見方によって表情が大きく変わるような模型。そんなものを作ることができないだろうかと画策しているところなので、今後も楽しみにしていていただけると嬉しいですね。■

奥川泰弘
yasuhiro okugawa

1964年生まれ。情景模型作家。父のプラモデル作りの影響を受け、小学生の頃から製作を始める。各コンテストにて情景作品での入賞多数。自身がオーナーを務める模型メーカー「Doozy Modelworks」ではアメリカやヨーロッパの風景をイメージしたアクセサリーを販売している

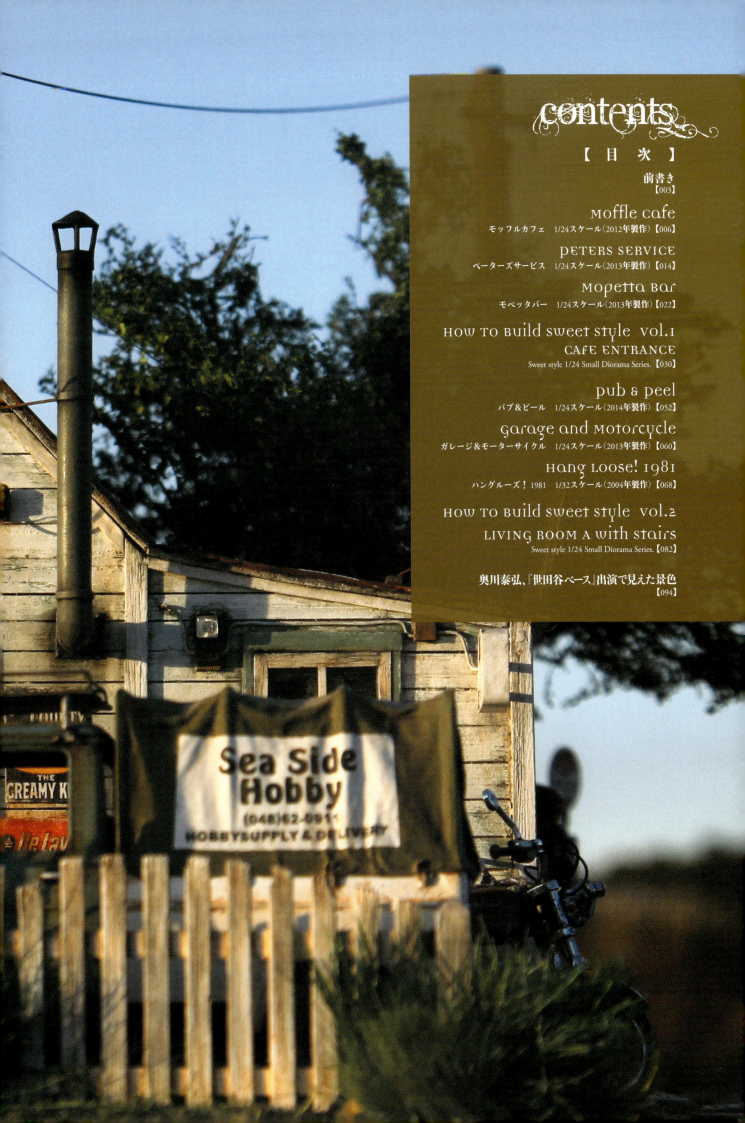

contents
【 目次 】

前書き
【003】

moffle cafe
モッフルカフェ　1/24スケール（2012年製作）【006】

PETERS SERVICE
ペーターズサービス　1/24スケール（2013年製作）【014】

mopetta bar
モペッタバー　1/24スケール（2013年製作）【022】

How to build sweet style vol.1
CAFE ENTRANCE
Sweet style 1/24 Small Diorama Series.【030】

pub & peel
パブ＆ピール　1/24スケール（2014年製作）【052】

garage and motorcycle
ガレージ＆モーターサイクル　1/24スケール（2013年製作）【060】

Hang Loose! 1981
ハングルーズ！1981　1/32スケール（2004年製作）【068】

How to build sweet style vol.2
LIVING ROOM A with stairs
Sweet style 1/24 Small Diorama Series.【082】

奥川泰弘、『世田谷ベース』出演で見えた景色
【094】

moffle cafe
モッフルカフェ 1/24スケール（2012年製作）

古びたレンガの塀の前に並べられた鉢植えの花々と
その前に佇むガーデンテーブルのセット
後ろを横切る猫が一匹……、という凝縮感のある風景を切り取った一作
あえて国籍や場所を設定せず
「どこかにあるかもしれない、あり得そうな風景」という
コンセプトで製作されたダイオラマである
カフェとして経営されているのか、はたまた個人邸の一角なのか
もし自分がこの場所に行ったら？と
想像するだけでも楽しい風景に仕上がっているこの作品
ここには驚くべき作品サイズの小ささながら
奥川氏の「自分の理想の風景」のエッセンスが凝縮されているのだ

写真資料などを参照せず、完全に奥川氏の想像力だけでレイアウトされたこの「モッフルカフェ」。通常は車なども絡めたおよそA4の用紙程度の大きさのダイオラマを製作することの多い奥川氏であるが、本作のコンセプトは「普段だったら車の背景になってしまう一角にスポットをあて、小さくても凝縮感のある風景を作る」というものであり、椅子とテーブルを主役としつつ、周囲に密度感のあるストラクチャーを配置した作品となった。「日本でもいいし、アメリカやヨーロッパということでもいいんですが、特定の場所を示す記号をあえて入れていないので、例えば見る人が『自分の庭がもしこういう感じだったら……』ということを考えたっていいわけです。この作品を元にして自由に想像してもらえると嬉しいですね。自分でも、こうだったらいいな、という風景をかたちにしたような作品ですし。」とはこの作品に対する奥川氏の言葉である。

情景の中に置かれているこれらのストラクチャーには奥川氏の主宰する『Doozy Modelworks』と『cobaanii mokei工房』とのコラボレーションブランドである『Sweet Style』の製品が幅広く使われている。例をあげるとまず主役としてダイオラマの中央に配置されているテーブルと椅子は「ガーデンエントランス ジオラマセット」に付属しているものの試作品を使用し、その後ろで棚のように使われている木箱は同じくSweet Styleの「木箱セットB」と「木箱セットC」をそれぞれ使用している。このように、自らが欲しいものを製品化したブランドのキットをふんだんに取り入れることができるのも奥川氏の作品の大きな特徴のひとつと言えるだろう。

また、特定の場所を想定していないというこの作品のコンセプトを反映して木箱の上の缶やポスター、看板類は基本的にどこにでもあるものがチョイスされている。細部まで鑑賞していくとよくわかるこのあたりのきめ細かい配慮も、この情景の大きな魅力なのだ

　情景本体は縦9cm×横12cmほ
どと、非常にコンパクトなものである
「モッフルカフェ」。ベースを合わせても驚くほ
ど小さい面積に目一杯要素が詰め込まれていることがわ
かる。このベースはサイズを合わせて製作された特注品が使用さ
れている。
　また、ベースの上のウッドデッキの部分と地面が見えている部分、さらに板
塀やレンガの塀で仕切られている空間とに切りわけている点にも注目したい。
空間の切り取り方を四角い空間の平行や直角に合わせることなく、斜めに切り
取ることでジオラマ全体の空間に動きや奥行き、広がりを出しており、見る
者にこの作品より外の空間を想像させることに成功している。ストラクチャー
の配置の粗密の設計も見事で、奥川氏の確かなセンスをうかがわせる

❶奥にある大きめの牛乳缶はDoozy Modelworksの「小さな缶セット」より流用。GSIクレオス Mr.カラーの8番シルバーで塗装した後、茶系のピグメント数色をアクリル溶剤で溶かしたものを塗り重ねて表面のサビを表現している。また口の部分に差し込まれている草はドライフラワーの葉の部分を切りそろえたものだ。じょうろはプラスモデル製の1/35情景用パーツを使用。プラスモデルは1/35スケールの日用品や缶、フィギュア、雑貨などを数多く製品化しているメーカーで、奥川氏の作品には同社のパーツが数多く使用されている。植木鉢はコトブキヤの「キャラクターモデル用バーニアノズル」のパーツを各種塗装して使用。花は和巧から発売されている紙創りシリーズのガーベラ、マーガレット、クローバー、ナデシコを適宜使い分けている。❷牛乳缶の横に配された背の高いグレーの缶もDoozy Modelworksの「小さな缶セット」から流用。ファレホで塗装し、牛乳缶と同じくサビ表現はピグメントを使用している。水道の蛇口は細いプラ棒を手で曲げて製作し、蛇口の取っ手や基部はコトブキヤのキャラクターモデル用ディテールアップパーツから流用している。水道の木の部分はホームセンターで売っていた角材をスミ入れ塗料で着色して使用。バケツはタミヤの「1/35ドラム缶セット」に付属しているものをそのまま使用し、中の水は光栄堂の「モデリングウォーター」で再現している。❸飛び石は厚さ1mmのスチレンボードを石の形に切り、表面をワイヤーブラシで叩いて質感をつけてからファレホで塗装して再現。地面は「コースパミスゲル」（油絵のキャンバスなどにざらついたテクスチャーをつけるための画材）を盛ったものをMr.カラーのC44 タンで塗装。飛び石と一緒に上からタミヤの「スミ入れ塗料ブラウン」を染みこませている。草はモーリン（鉄道模型用品メーカー）の「グラスセレクション」を使用した。❹缶などが置かれている木箱はSweet Styleの「木箱セットB」および「C」を横倒しにして使用した

A テーブルの横で棚の代わりとなっているのが「木箱セットB」および「木箱セットC」。いずれもセットには箱がふたつ同梱されている。**B** 椅子とテーブルは「ガーデンエントランス ジオラマセット」に付属するものの試作品を使用。椅子はかたちが同じだが、テーブルは製品とこの作品とでは形状が違う。**C** 「モッフルカフェ」の看板が取り付けられているのが「アイアン看板セット」のうちの一種。**D** 地面の材料であるコースパミスゲルは油絵などを描く際に下地を盛り上げるペースト状の素材。固まる前はドロドロとしているが、乾燥するとざらついた質感になる

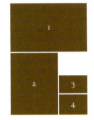

❶テーブルと椅子はSweet Styleの「ガーデンエントランス ジオラマセット」に付属するパーツの試作品を使用。椅子2脚のデザインは同じだがテーブルは製品版と異なり天面にスリットが入ったデザインになっている。全体にMr.カラーのマホガニーを吹き付けた後に同じくMr.カラーのツヤ消しホワイトを吹き付け、スポンジヤスリで部分的に塗料をこすり落とした後にスミ入れをして仕上げている。❷塀は5mm厚のスチレンボード2枚を重ねて芯を作った上からプラストラクトのレンガのプレートを貼り付け、ファレホの茶系統の色数色で塗装した後にスミ入れ。白い部分は表面にジェッソを塗った後、すぐに水をつけた綿棒で表面をぬぐい取り仕上げている。板塀の部分はウッドデッキと同じくホームセンターで売っているヒノキの薄板にマホガニーを吹いた後にツヤ消しホワイトを吹き付け、軽く表面をスポンジヤスリでヤスリがけしている。❸ウッドデッキの上の猫はDoozy ModelworksのIn Your Storyシリーズから発売された「イヌネコセット」から流用。塗装はファレホのグレー系各色を筆塗りしている。❹ウッドデッキは板塀と同様にホームセンターで購入したヒノキの薄板をベースの形状に合わせて切り出し、GSIクレオスのMr.サーフェイサーを板全体に吹き付けた後にファレホのホワイトをなすり付けるようにして粗く塗り、スポンジヤスリで表面を軽く撫でて仕上げている

❺テーブルの上のボトル2種とワイングラスはダイオパークの「ダイニングセット」に付属のパーツから流用。ランチョンマットは薄いギンガムチェックの布の端切れから切り出している。テーブル上の植木鉢はトブキヤのバーニアパーツから流用し、バーリンデンのオランダドライフラワーの枝を植えている。❻板塀の前の牛乳缶はDoozy Modelworksの「小さな缶セット」に付属のパーツ。銀で塗装した後にアクリル溶剤で溶いた茶色のピグメントで錆びを描き込み、口の部分にはドライフラワーを差し込んでいる。脇の木箱はSweet Styleの「木箱セットA」に付属するものを使用。上に置かれた円錐形や三角形の小さな缶はプラスモデルのパーツである。後ろのコカコーラの看板はWEB上の画像を厚紙に印刷。表面を軽くスポンジヤスリでこすった後、ピグメントで錆びを描き込んでいる。❼椅子はSweet Styleの「ガーデンエントランス ジオラマセット」のキットパーツのまま使用。❽「Moffle Cafe」の看板はパソコンの描画ソフトで自作した画像を厚紙に印刷して使用。看板を支えるアームなどの黒い部分はSweet Styleのアイアン看板セットのものをそのまま使っている。❾❿塀のまわりに配置された看板類はすべてWEB上の画像を厚紙にプリントアウトしたものを使って自作。表面をスポンジヤスリで軽くこすって印刷の剥がれを表現し、縁の部分など錆びの浮きやすい箇所にアクリル溶剤で溶いた茶系統のピグメントを塗って錆びを表現している。⓫木箱の上に置かれた大小の缶はプラスモデル製の1/35AFVモデル用のアクセサリーを配置。プラスモデルのキットには缶の表面に貼るデカールもセットされているのでそのまま使用している。横のワインボトルはタミヤのチャーチルMk.Ⅶ歩兵戦車に付属しているもの。取っ手の付いた筐はミニアートの1/35小物セットに付属している。⓬塀の裏側の木はバーリンデンのオランダドライフラワーを使用。葉は紙創り製の樹木のものを植えている。根元はセメダインの木部用エポキシパテで太らせ、硬化前にAFVモデルで使用するツィンメリットコーティング用のブレードで木目の彫刻を入れた

PETERS SERVICE
ペーターズサービス　1/24スケール（2013年製作）

アメリカのひなびたロードサイドに佇む
昔ながらの小さなガソリンスタンドがモチーフとなっている本作
店先には懐かしいスタイルのガソリンポンプが設置され
ポーチにはこれまたレトロなルックスの新聞販売機が置かれているという
馴染みがないはずの日本人から見てもどこか懐かしい風景が切り取られている
この作品も極めて小さなベース上に建物、樹木、ガソリンポンプなどの
ストラクチャー要素が凝縮して詰め込まれ
見る者を飽きさせない風景を見事に再現した一作だ
奥川氏が主宰するDoozy Modelworks製のガソリンポンプが
いわば「主役」と言えるような作品ながら
さらに特注の台座の裏面には電源が仕込まれており
軒先の電灯に灯りをともすことのできるギミックも
見所のひとつとなっている

　ガソリンスタンドのエントランスの上に配置されたランプと建物内の照明がチップLEDによって点灯するギミックが仕込まれた「ピーターズサービス」。特注の木製ベースの内側はくり抜かれており、建物の中を通った配線がベースの下面に配置された電源とスイッチにつながる構造となっている。チップLEDは通常の白色のものではなく電球色のものを使用しており、独特の暖かみのある色あいを作り出している。点灯した際には厚紙に印刷されたテキサコの看板が照らし出される配置となっているのも心憎い演出だ。「部屋を暗くして飾る時に雰囲気が出るようなギミックを取り付けたかった」という奥川氏の言葉通り、この点灯ギミックは非常にドラマチックな演出となっており、明るい場所で見るのとはまたがらりと印象の異なる作品となっている。

　また、この作品も非常に狭い面積に建物、ガソリンポンプなどの要素を詰め込んで製作されており、LEDを点灯した時に手前側にあるストラクチャーのほぼすべてを照らすことができるのもポイントのひとつ。電飾を搭載するのを前提としつつ、小サイズで小粋なダイオラマにするという奥川氏が、この情景に込めた製作意図はこのようなかたちで結実したのである

「ペーターズサービス」最大のストラクチャーであるガソリンスタンドの建物は、まずはじめに5mm厚のスチレンボードで中身が空洞の箱を作るようにして製作された。この建物の骨組みに各種の素材を貼り付けて外装が形作られたわけだが、茶色い板の部分はサペリという種類の木材の薄板を均等に細切りにしたものを貼り付けて製作した。建物上部の白い色が塗られた部分はヒノキの薄板を使用し、赤い屋根の板はプラストラクト製「PS-24 波形コルゲートサンディング」というシートを使っている。また、玄関先のウッドデッキには看板のまわりと同様にヒノキの薄板が使われているが、塗装する色を変えることで同じ部材に違った表情を与えている

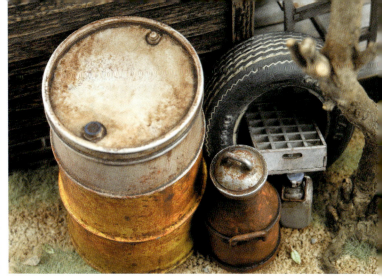

1 先端にチップLEDが仕込まれたランプは傘の部分をプラスモデルの街灯のキットから流用。壁に取り付けられているランプの基部も同じくプラスモデルの街灯のキットからの流用となっている。ランプのアームは外径1mmの真ちゅうパイプを使って製作され、内部にチップLED用の配線を通して建物内に線を引き込んでいる。アーム部分のサビの表現はアクリル溶剤で茶系のピグメントを溶いたものを使って描かれた。**2** 建物脇のドラム缶などは長い間風雨にさらされた質感を表現。左のドラム缶はDoozy Modelworksの「ドラム缶セット」から、またその脇の牛乳缶は同じDoozy Modelworksの「小さな缶セット」に入っているものが使われた。脇の古タイヤは1/24のアメ車のキットのジャンクパーツから流用され、タイヤの中に収まっているジュースボックスはSweet Styleの「ジュースボックスセットA」のものを利用している。その手前の金属製の缶は1/35のAFVモデル用アクセサリー。「German Water Can」の名前でプラスモデルから発売されていた部品だ。**3** 激しく塗装が剥がれ落ちた看板の上の板。製作にあたってはヒノキの板材の表面に先にGSIクレオス Mr.カラースプレーの「マホガニー」を吹きつけ、その上からAKインタラクティブの「剥がれ表現液（チッピング控えめ）」を筆塗りし、さらにその上から同じくMr.カラースプレーの「ツヤ消しホワイト」を吹き付ける。乾燥後、水をつけたつまようじや硬めの筆の穂先でツヤ消しホワイトをこすると剥がれ表現液の効果で上のホワイトが剥離し、下地のマホガニーが露出して自然に塗装が剥がれたような効果が出る。また、ヤスリスティックなども併用した。**4** 新聞の自販機の脇にはSweet Styleの「木箱セットD」に付属する木箱を縦に置いたものを配置。上の植木鉢はコトブキヤ製のバーニアパーツを素焼きの植木鉢風にファレホで塗装したものを置いている。植えられているのは紙創りのアイビーの先端をカットしたもの。このツタは紙製なのでプラスチック用の塗料では形が崩れてしまうため、塗装する際には水性のインクマーカーが使用された。葉の中央にある濃い緑の部分がマーカーで塗装された箇所だ。**5** 扉は奥川氏とともにSweet Styleのキットを製作しているcobaanii mokei工房の協力によって薄い木材をレーザーカットしたものを使用。ドアノブは真ちゅう製のドールハウス用ドアノブ部品を使っている。窓に貼られたマルボロやガルフといったレース関係のステッカーはカーモデルのデカールを使用。ドア内のレースカーテンは手芸店で販売されていたレース素材をそのまま内側に貼り付けて再現している

1 建物脇に配置されたドラム缶、牛乳缶といったストラクチャーは激しいサビ汚れが再現されているが、これらはすべてピグメントによるもの。まずドラム缶をファレホで、牛乳缶をGSIクレオスのMr.カラー 8番のシルバーで筆塗りした後、茶系統のピグメント数色をアクリル溶剤で溶いたものを塗り重ねて錆びの色合いとガサガサした質感を再現した。また脇に生えている木はツゲの枝を利用。細かい枝振りはバーリンデンのオランダドライフラワーを切り分けたものを貼り付け、葉は紙創り製の樹木の葉を適宜貼り付けている。 **2** 新聞の自販機はファレホのレッドで塗装後、タミヤのスミ入れ塗料で全体にウォッシングを加え、デカールを貼る。各部に浮き出た錆はアクリル溶剤で溶いたピグメントで描き加えるが、あまりサビさせると稼働している自販機に見えなくなるのでほどほどに。手前のじょうろはプラ材などで自作。本体をプラパイプとコトブキヤの半球形アフターパーツで形作り、プラペーパーの取っ手とプラ棒の首部分を製作した。水が出る口の部分はエッチングパーツで、1/35の機関銃の照準器を使っている。 **3** ガソリンポンプはDoozy Modelworksのガスポンプ タイプCを使用。'70〜'80年代の少し古いガスポンプを再現したキットで、ホースとデカールが付属。新聞の自販機と同様にファレホで全体を塗装した後にアクリル溶剤で溶かしたピグメントを使って表面のサビを描き込んでいる

4 徐行を呼びかける看板の表示は、海外の看板を集めた写真集に掲載されていた写真を縮小し、厚紙に印刷して再現。ポールはプラ棒で製作し、台座の部分にはイタレリ製1/24スケールのトラックのキットから、アクセサリーのホイールのパーツを流用した。全体をマホガニーで塗装した後、ブラックでスミ入れ。その後明るめの茶色を中心にアクリル溶剤で溶いたピグメントを塗りサビた質感を表現した。 **5**「PETERS SERVICE」の看板はパソコンの描画ソフトで作成したデータを厚紙に印刷して製作。こちらもピグメントで各部に錆びを描き込んで古びた質感をつけた。**6** テキサコの看板はWEB上で探してきたデータを厚紙に印刷して作成。表面をスポンジヤスリで軽くやすることで色落ちを表現し、錆びはアクリル溶剤に溶かしたピグメントで描き込んだ。**7** LEDの照明を点灯させた状態の「ピーターズサービス」。軒先のランプが目を引くが、室内にもLEDが配置されているため、家の中での生活も想像させるライティングとなっている。**8** 椅子はSweet Styleの「イスセットA」のものを塗装して使用。脇の灰皿はDoozy Modelworksの「小さな缶セット」に付属する缶の上にAFVモデルのエンジングリルのエッチングパーツを被せて再現した。煙草の吸い殻は0.5mmほどの細いプラ棒を手で曲げて製作し、椅子の上の煙草の箱はチェコのリアルモデルが発売している「WWⅡ Cigarette boxes」という1/35スケールのアクセサリーを使っている。

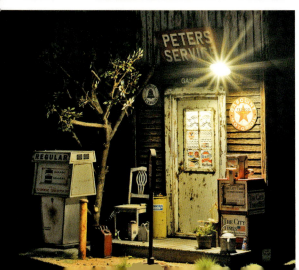

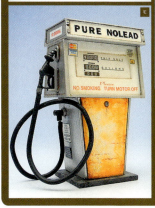

「ペーターズサービス」にもDoozy Modelworksのキットが組み合わされている。Doozy Modelworksから新聞の自販機は3種発売されているが、本作ではその内 A C「新聞販売機セット#1」の片方を使用。印刷された新聞が付属し、切り取って使うことができる。また、店の脇にはB D「ドラム缶セット」のドラム缶が配置されている。ここで使われたのはフタの綴じた状態のドラム缶だったが、このセットには中に灰が詰まったものやゴミが入ったものなどが付属しており、別部品のフタもセットされている。ガソリンポンプはDoozy Modelworksから3種類発売されているものの内、E「ガスポンプ タイプC」を使用。ホースが付属する他、メーターなどのデカールもついている

landscape creation 2 21

mopetta Bar

モペッタバー　1/24スケール（2013年製作）

戦後のドイツが生んだ超小型自動車、ブルッシュ・モペッタ
丸っこくてどことなくユーモラスでありながら
ちゃんと「自動車」の持つメカニカルな機能美も感じさせる一台だ
このモペッタがエントランスで客を出迎えてくれる、こぢんまりとしたバーがあったら……
そんな想像をかたちにしたのがこの一作だ
1/24でも驚くべき小ささのモペッタは小サイズのベースにも無理なく収まり
どことなくエレガントなフォルムはヨーロッパをイメージしたダイオラマに違和感なく馴染んでいる
また、この作品も前ページで紹介した「ペーターズサービス」と同様に電飾を仕込んだ作品である
ベースのサイズも同じで、いわば連作にあたる作品なのだ
軒先に吊られた電灯と屋内に加え、モペッタの横に配置されたライトの光は
シックなバーが佇む優しい夜の光景を演出する

　軒先の看板とバーの店内、それに加えて屋外の椅子の脇に据えられたライトの3箇所にチップLEDによる電飾が仕込まれた「モペッタバー」。ヨーロッパ、特にイギリスの路地に建つバーをイメージした本作らしい、夜の光景を演出する仕掛けである。14ページに掲載した「ペーターズサービス」と同じ形状のベースに作り上げられた本作は配線の仕方も「ペーターズサービス」をなぞっており、軒先の電灯と室内のLEDはバーの建物内を通って、また屋外のライトは直接ベースの裏面に配線されており、ベース裏面の電源およびスイッチに接続されている。
　限られた空間に自動車と建物、それに様々なストラクチャーを配置したい、という考えから超小型車としてチョイスされたモペッタは、奥川氏の友人が製作したモデルをレジンキャストで複製したものを使用。曲線のみで構成された丸っこいフォルムと、車体側面から覗くエンジンのメカニカルな魅力を的確に再現したものとなっており、これだけでも一見の価値があるモデルとなっている。
　また、屋外に置かれた椅子の上に配置されたワインボトル、デキャンタ、ワイングラスは1/35スケールのダイオラマ用のパーツをそのまま使用している。この作品自体は1/24なのでスケールは大きく異なるものの全く違和感なく作品全体に馴染んでいる。1/35スケールのアクセサリーを多用するのは奥川氏の作品の特徴だが、その大胆さと景観全体に馴染ませるテクニックは随一のものといえるだろう

前述のように「ペーターズサービス」と同じベースを使って構成された「モペッタバー」。全体としては非常にコンパクトながらほどよい密度と粗密を考えて配置されたストラクチャーが心地よい作品である。建物も「ペーターズサービス」と同様に5mm厚のスチレンボードを組み合わせた箱状の骨組みに外装を貼り付けていく方法で形作られた。外壁全体を覆う漆喰はタミヤの情景テクスチャーペイントを薄く塗って固めた上からラッカー溶剤で溶いたラッカーパテを全体に筆で叩くように塗り重ね、乾燥した後に180番相当の粗めのスポンジヤスリで表面を軽くヤスリがけして、凹凸を残しつつ全体に平滑にする方法で作られている。

また、一際目を引く枝振りの椅子の後ろに植えられた樹木は拾ってきた木の枝を芯にしつつ、バーリンデンのオランダドライフラワーの枝を瞬間接着剤で固定して細かい枝を作成。葉の部分は和巧から発売されている「紙創り」シリーズの樹木用の部品を移植することでバランスの取れた枝振りの木を作り出している

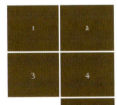 

1「THE MOPETTA BAR」の看板は東急ハンズなどで手に入るサペリという木の薄いシートを使用。「ペーターズサービス」の外壁に貼られていたものと同じ材料である。看板の文字はスケールリンクというメーカーのエッチングパーツを使用。アルファベットのエッチングパーツは貴重なため、この部品は他の作品でも使われている。**2**飛び石の部分は厚さ2mmのスチレンボードを切り出したものをワイヤーブラシで叩き、石らしい凹凸を刻んだものを使用。飛び石の隙間の地面は6ページから掲載した「モッフルカフェ」でも使用していた「コースパミスゲル」という画材を着色して製作している。表面の草は「ミニネイチャー」(36ページからのHow to記事で解説)とフライフィッシングで疑似餌を作る際の材料である鹿の毛を使って作られている。**3**漆喰が剥がれた所のレンガはプラストラクトのレンガ状パターンシートをスチレンボードの建物骨組みの上に貼り付けて再現。まだ漆喰が残っている部分にはレンガのシートと厚みを合わせるために厚さ2mmのスチレンボードを貼っており、その上から右ページで解説した漆喰の表現を施している。漆喰に入ったひび割れは漆喰部分が乾燥したところでシャープペンシルでけがいて彫刻し、特にひびを強調したい部分はスパチュラで深く彫り込んでいる。**4**「MOPETTA BAR」の看板はパソコンの描画ソフトで作成したデータを厚紙に印刷して製作。枠は細切りの角材を使って製作し、タミヤ スミ入れ塗料のブラウンを使って風合いを出している。脇の椅子はSweet Styleの「イスセットA」のものを使用。**5**エントランスの石段は厚さ3mmのスチレンボードをワイヤーブラシで叩いて質感を出したものを使っている。石段を登った所のコンクリートの部分は「コースパミスゲル」を塗って硬化後にスポンジヤスリで表面を平らに均して再現している

■奥川氏の友人が製作したモペッタのレジンキャストによる複製品を使用している本作。モペッタ自体はGSIクレオス Mr.カラースプレーのツヤ消しホワイトとレッドを使用し、マスキングによって塗りわけられている。ヘッドライトやウインカーも透明なレジンで成型したパーツを使用。ウインドシールドは型紙を作り、それに合わせて透明プラ板を切り抜いて接着した。■厚さ3mmのスチレンボードを切り出し、表面をワイヤーブラシで叩いて石の質感を出したエントランスの石段。石の隙間はデザインナイフなどでけがいて彫刻している。石段の脇に設置された手すりは太さ2mmのプラ棒を使用。指でこすりながら力を加えて曲げ、階段の形状に形を合わせている。手すり先端のカーブのみライターで炙って急角度で曲げた。■石段の脇に生えている丈の高い草は複数種のドライフラワーを植えて再現。茶色の枝の植物はバーリンデンのオランダドライフラワーの枝に紙粘土での樹木用の葉を植えて再現。元はほかのダイオラマに使っていた木の枝だったが折れてしまったのでこの部分に植え込んでいる。エントランスの石段を登った先のコンクリート作りの部分は「コースパミスゲル」を塗ったスチレンボードで製作。「コースパミスゲル」の乾燥後に表面をスポンジヤスリで軽く均すとコンクリートらしくなる。■各部の照明を点灯した状態。チップLEDは小粒ながら充分な光量があり、看板や室内、椅子の脇のボードなどもはっきり読み取れる

■バーの入り口のドアはcobaani mokei工房によってレーザーカットで製作されたパーツ。切り抜き用の版下データを奥川氏が作成し、それを元にして薄い木材を切り出している。窓の部分には黒の厚紙を同じくレーザーカットで切り出したパーツをはめ込んだ。塗装には「タミヤ スミ入れ塗料」の「ブラウン」、「ダークブラウン」、「ブラック」を使用。■雨樋につながる樽はミニアートの「小物セット2」に付属する樽を使用。木目は樽のパーツにしっかりモールドされているため彫り直しなどはしていないが、金属のバンドを留める鋲の部品のみ薄切りにした太さ2mmほどのプラ棒で追加している。また樽の上に置かれた水差しはADVダイオラマコンセプトというブランドのレジン製アクセサリーパーツを使用。どちらも1/35のAFV用パーツである。樽の奥に置かれた牛乳缶はDoozy Modelworksの「小さな缶セット」に入っているもので、植えられている植物はドライフラワーで再現。脇に転がっているバケツはタミヤの「1/35 ジェリカンセット」に入っているものだ。■モペッタのキットは大まかに胴体上部と下部、シートの3つに分割された設計。車内の再現度も高く、プラスしたディテールは薄切りにした伸ばしランナーでスイッチ類をつけ足した程度である。車内にもスミ入れ塗料でウォッシングが施されているのに注目。■石段を登った所には細々としたアクセサリーが並ぶ。青やシルバーの四角い缶はプラスモデルの「1/35キット用弾薬箱」。取っ手の付いている箱はミニアートの小物セット2に付属するものを使っている。銀色の円柱状の缶はタミヤの「チャーチルMk.Ⅶ」に付属する牛乳缶で、横の青い缶はプラスモデル製のレジンパーツである

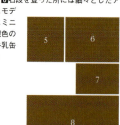

本作ではモペッタの横に置かれたワインボトルやグラスは A ダイオパークの「ダイニングセット」からそのまま流用。このキットのワインボトルやグラスは6ページから掲載されている「モッフルカフェ」でテーブルの上に置かれているものと同一のパーツである。雨樋の脇に置かれた牛乳缶などは B Doozy Modelworksの「小さな缶セット」に付属する。また、奥川氏の作品で登場頻度が比較的高いのが C のミニアート製「小物セット2」に付属している樽。これも1/35用のパーツだが、1/24の情景に置かれても違和感はない。このセットにはより小さいサイズの樽や桶、牛乳缶や取っ手付きの箱なども含まれており、使い勝手の良いキットである。D のSweet Styleによる「イスセットA」もよく登場するアイテム。「ベーターズサービス」で入り口の脇に設置されていたのもこれと同じ椅子だ

How to build sweet style vol.1

　ここからは奥川氏の主宰するブランド「Sweet Style」のキットを完成させるまでのプロセスを、こまかく分解してご紹介する。まず題材とするのは、鉄の門扉がある洒落たカフェの入り口周辺を立体化した「1/24 カフェ エントランス」のキットである。このキットには椅子やイーゼルなどの小物類、ベース用の板、門扉や風見鶏などの鉄製部品、はたまたツタや芝生といった草類に至るまで、情景作りに必要な素材がまるごとワンパッケージに収まっており、初心者でも簡単な工具と材料で完成させることができるものとなっている。

　ここではこのキットの設計者でもある奥川氏自身がこのキットを完成させるまでの製作プロセスを追い、氏が情景作品を製作する際の基礎的なテクニックを解き明かす。部品がプラスチックではなく木や紙でできているというこのキットの長所を活かし、必要最低限の塗装とヤスリがけの応用で最大の効果を出していく製作方法は圧巻の一言。是非この「カフェ エントランス」のキットをお手元に用意し、本書を参考にしながら奥川氏の製作過程を追体験していただきたい

CAFE ENTRANCE
sweet style 1/24 small diorama series.

 ×

アメリカやヨーロッパのアンティークな家具や日用品、さらにはカントリー調の庭園やガレージといったどこか懐かしさを感じる風景に至るまで、木と紙という素材を使い1/24スケールで立体化していくSweet Styleのキット群。一見すると古さを感じさせる印象ながら、実は最新の技術を活かした高精度なパーツで作り上げられた製品たちなのである。ここではまずこのSweet Styleの世界はいかなるものなのか見ていこう

奥川氏の主宰するガレージキットブランド、Doozy Modelworksと、紙や木材をレーザー加工し、鉄製家具やミリタリーモデル用のパーツなどを製作しているcobaanii mokei工房とがタッグを組んで展開するブランドがSweet Styleだ。すべてのキットは1/24スケールで展開され、ラインナップはヨーロッパや北米をイメージした家具や店舗用の木箱、鋳鉄製の看板などの小物から、書斎やリビング、さらにはウッドデッキを備えた庭園や大型のガレージを丸ごと再現した情景のキットに至るまで展開されている。

これらのキットの最大の特徴は、部品のほとんどが木製もしくは紙製という点にあるだろう。本物に近い素材を駆使することで塗装などに必要なテクニックや工程を減らし、より本物らしい仕上げを施すことが可能になったのだ。これらの部品はレーザーカットによる部品製造で非常に高精度なカッティングがされており、パーツをナイフで切り出して接着していくだけで誰でも簡単に組み立てることができるのも大きなバリューとなっている。まさに初心者からベテランまで幅広い層が楽しむことのできるシリーズなのだ。

海外のガレージや庭先などに置かれているちょっとした棚や、テラスや公園に設置されていそうなベンチ、彫刻の入ったアンティークな椅子と机など、情景用の家具類を1/24スケールでリリースし続けているSweet Style。いずれも部品が木でできているため、接着に専用の接着剤などは必要なく、木工ボンドや市販の瞬間接着剤で充分に組み立てられる。

また、ほそい鋳鉄製の三輪車のようなキットはツヤ消しの黒い厚紙製。レーザーカットで部品ができているためパーツの断面は紙とは思えない程シャープで、繊細かつ金属的な質感を楽しめる。このキットに付属するものなど、Sweet Style製の植木鉢は実物の植木鉢と同様にテラコッタ製であり、この点からも「本物と同じ素材を使う」という奥川氏のこだわりが見えてくるようだ

what is a sweet style?

1/24というカーモデルの標準的なスケールで展開されていることもあり、付属品やガレージのダイオラマ製作キットなどは自動車のキットとも相性抜群。中には「カントリーガレージ スモールタイプ」という1/24の車をそのまま収容できる大型のキットも発売されている。このキットは「小屋と石畳のある庭」のキットと接続することもでき、そうすることでより広がりのある風景を作り出すことができる。このように情景に必要な建物用の素材や草花、椅子やテーブルなどをひとつにパッケージングしたキットが発売されているのもSweet Styleの大きな特徴。通常はバラバラに揃えなくてはならないこれらの要素がすべてキットに入っているので、初心者でもすぐにダイオラマを製作できるのである

Sweet Styleの特徴である、必要な素材をワンパッケージで揃えることのできる情景製作キット（塗料などは別売り）。この情景のキットでは、庭園や屋外を題材としたキットのみならず「書斎」や「階段のある部屋 リビングルームA」（84ページから製作方法を紹介）もラインナップに並ぶ。この書斎とリビングのキットはガレージなどと同様にドッキングさせて展示でき、非常にプレイバリューは高い。このような屋内を再現したキットはドールハウス的な楽しみ方も視野に入れたものでもあり、通常のモデリングとはひと味違った模型作りの醍醐味を味わえるものとなっている。さらにこの室内の情景に別売りで販売されている椅子やテーブルをプラスしていくことで自分だけの情景を作っていく楽しみもある。同様に「ハウスとデッキのある庭 ガーデンA」と「テラコッタタイルのある庭 ガーデンB」もふたつを接続して展示することが可能。既存の情景キットを組み合わせ、さらに他のキットを組み合わせていくことでより様々な広がりのある作品を作ることができるというのも、このシリーズの優れた点のひとつなのだ

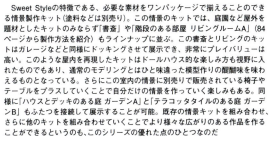

椅子や机、ベンチなど、室内、室外用の家具を数多くリリースしているSweet Style。家具以外にも、海外の雑貨店、喫茶店、ガレージなどに馴染むような大小の木箱やジュースボックス、木製の車輪なども発売されている。これらのキットもすべて本物の木材が使われているため、タミヤのスミ入れ塗料などで地肌を活かしつつ色を乗せ、さらにスポンジヤスリなどで表面を軽く撫でてエッジの部分の塗料を落としていくことで、簡単に風雨にさらされて汚れがついたような雰囲気を作り出すことができる。
実際にこれらのキットはここまで掲載してきた奥川氏の作品の中で何度も登場している。6ページからの「モッフルカフェ」のテーブルの脇には横倒しにした木箱を並べて棚のようなアレンジがされているし、建物の裏や横に放置されたコーヒー豆の箱やジュースボックスは喫茶店やバーのバックヤードの表現として効果の高いものだ。これらの部品はもちろんオリジナルの情景だけではなく、ここで紹介しているようなSweet Styleの情景作品キットの中に組み合わせて配置してもOKなので、雰囲気や表現したい情景に合わせて適宜選んで使っていきたい

奥川氏の主宰するもうひとつのブランド、Doozy Modelworks。こちらはレジンキャスト製パーツをメインとした構成で、アメリカのロードサイドによく見られるストラクチャーを立体化した製品を販売している。このDoozy Modelworksのガスポンプを木製の建物と組み合わせた、14ページの「ペーターズサービス」のように、ふたつのブランドのキットを組み合わせることも可能。Doozy ModelworksのWEBサイト（http://www.doozymodelworks.com/）で購入できる

Doozy Modelworksアイテムも使えばさらにドラスティックな作品に

Landscape creation 2

SSS
sweet style selection

what is a sweet style?

カントリー調の多彩なアクセサリーが1/24スケールで揃うSweet Styleのキットたち
ここでは、今までに発売された様々なキットを一気にご紹介する

Sweet Styleは奥川氏主宰のブランドであるため、氏の作品でも至るところにこれらのキットから小物が流用されている。また、鉢植えの植木鉢は「アイアン三輪車と植木鉢」に付属するものを流用するなど、キットをこまかな部品ごとに分解して作品の中に取り入れるのも奥川氏がSweet Styleのキットを使いこなすテクニックのひとつだ。Aフランスのシードル(りんごのお酒)カフェ Bアンティークな机と椅子 C椅子セットA D小さなテーブルセット EベンチA FベンチB Gアイアンガーデンテーブル&チェアー Hガーデンエントランス ジオラマセット I木箱セットA J木箱セットD KジュースボックスセットA Lミシン台テーブル M棚セットA N棚セットB O木箱セットB P木箱セットC Q木製脚立 Rアイアン三輪車と植木鉢 S木製手押し車と植木鉢 T階段のある部屋 リビングルームA U書斎 Vハウスとデッキのある庭 ガーデンA Wカントリーガレージ スモールタイプ Xアイアン看板セット Yアイアン棚セット Z荷車の車輪 aシンプルジオラマベースA bイタリアのワイン居酒屋とガレージ cシンプルジオラマベースB dテラコッタタイルのある庭 ガーデンB eカフェエントランス ジオラマセット f小屋と石畳のある庭 ガーデンC gイギリスの紅茶屋さん

製作に使う工具

この後の製作How toに入る前に、ここではこれからの製作プロセスで使用する工具や材料について説明する。いずれも奥川氏が製作時に必ず使う道具なので、揃えておいて間違いのないものばかりだ

1 タミヤ エナメル溶剤 X-20: 塗装の際にエナメル系の塗料をぼかす工程が多い奥川氏の製作方法では必須。大きめのボトルのものを用意しよう。 **2** タミヤカラー アクリル塗料 X-26 クリヤーオレンジ: 椅子などの家具類に基本塗装ができた上から塗り重ねてニスのようなツヤと色合いを出すのに使用する。 **3** ファレホ各色: パーツ塗装時に使用。発色が美しく、また溶剤ではなく水で筆を洗うことができる使い勝手の良さが魅力に。また水溶性なので塗装時に溶剤の匂いもなく、模型用の塗料にも関わらず不可燃性という安全性の高さでも高い評価を受けている。目薬のようなワンドロップ型のボトルに入っているため、塗る際には塗料皿とセットで使用する必要がある。 **4** GSIクレオス Mr.サーフェイサー 1200: 塗装前の下地を作るためのスプレーで、塗料の食いつきをよくしたり、表面にできた細かい傷を埋める効果もある。枠組など極めて細い部品に塗料を定着させるために使用。 **5** GSIクレオス Mr.ベースホワイト 1000: 白色の発色をよくすると同時に前述のサーフェイサーとしての機能もある塗料。白く塗られた木材などの色を再現する際に下地として使う。 **6** GSIクレオス Mr.カラースプレー S42 マホガニー: イスやベンチなど、木の地肌の上から塗装してある木材を表現する際の下地として吹き付ける。 **7** GSIクレオス Mr.カラースプレー C62 つや消しホワイト: 塀や門柱、椅子など白く塗装された木材部分を再現できる。 **8** タミヤ 調色スティック: ビンの中に入っている塗料を撹拌したり皿に出すための道具。今回は情景テクスチャーペイントを塗装する際に使う。 **9** タミヤ モデリングブラシPRO 面相筆 No.0: コリンスキーセーブルを使っている筆。穂先のまとまりがよいのが特徴だ。 **10** 菊皿: 元々は日本画用の道具。ピグメントは数色を同時に使い分けるため、塗装する際に混ざらないよう出しておくのに便利だ

11 タミヤ ウェザリングマスター〈Aセット〉: 付属のブラシでパーツに顔料をこすりつけることでリアルな泥汚れや砂汚れをつけることができる。今回の製作工程では黒い金属製の部分のエッジを際立たせるのに使用する。 **12** ピグメント各色: 通常の塗料では溶媒で希釈されている塗料用の顔料を粉末状でパッケージしたもの。今回はサンド系、茶系の各色を使用する。液体ではなく粉状のもので、そのままパーツに塗ることもあるが、奥川氏はアクリル溶剤で溶いてサビなどをパーツ表面に描き込むのに使用する。この方法だと乾燥後は非常にざらついた仕上がりになるため、サビの表現に打って付けなのだ。詳しくは44ページを参照。 **13** タミヤ スミ入れ塗料 ブラウン・ダークブラウン・ブラック: 細かい彫刻に色を乗せる「スミ入れ」用の濃度に希釈されたエナメル塗料。奥川氏はSweet Styleの木製部品の塗装表現に使用。椅子や棚などの小物や建物の内壁など、木部分に質感を出したりグラデーションをつけるような表現に多用する。 **14** タミヤ 情景テクスチャーペイント〈砂 ライトサンド〉: 「カフェ エントランス」のセットには地面用の素材は入っていないため、この塗料を盛って地面を製作する。塗料の中にセラミック粒子が入っており、乾燥するとざらついた質感になる

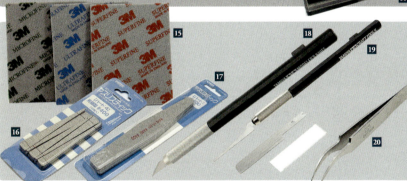

15 3M スポンジ研磨剤: 薄いスポンジにざらついた研ぎ出し面が貼られたヤスリ。奥川氏が多用するのは一番目の細かい、〈ファイン〉という種類だ（写真では一番手前の印刷が赤いものがファインである）。 **16** ウェーブ ヤスリスティックHARD4 先細型: 硬めの芯材の両面に紙ヤスリが貼られたスティック状のヤスリ。適度なしなりがあるのでパーツに対して力がかけやすい。 **17** ウェーブ ヤスリスティックHARD: こちらは幅が広くて平らなものを研磨するのに使用する。 **18** タミヤ モデラーズナイフ: パーツを板から切り離すのに使用。切れ味がおちると切断面が汚くなってしまうので、専用の替え刃も一緒に用意しておこう。 **19** タミヤ カッターのこII: カッターとほぼ同サイズのノコギリの刃がセットされた道具。今回は物を切るのではなく、刃を木製の部品に垂直に立てた状態で表面をこすり、木目を彫刻するのに使用する。 **20** タミヤ 精密ピンセット: 細かい工作には必須。情景作りではベースに草を植える際などにも使用する

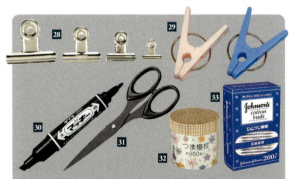

21 アルテコ 瞬間接着剤: 液体状の瞬間接着剤。紙製部品の接着に使用。 **22** タミヤ エポキシ接着剤: 白化しないので透明部品を接着できる。 **23** タミヤ 硬化促進剤: 刷毛で塗って瞬間接着剤を硬化させる。 **24** アロンアルファ ゼリー状: ゼリー状のため木材に染みこまないので、手早く木製部品を接着できる。 **25** アルテコ 速乾アクリアスティック: 木工ボンド。ノズルがほそくチューブから直接ボンドを塗れる。 **26** グラスセレクション: 丈の低い雑草を表現。 **27** ミニネイチャー: 丈の高い草を表現するのに使用。木工ボンドで固定できる

28 目玉クリップ各種: 塗装の際に持ち手にしたり、そのまま立たせて乾燥させたりとなにかと便利。複数のパーツを同時進行で塗装することもあるため、多めに用意しておくといいだろう。 **29** 洗濯ばさみ: 目玉クリップと同様、塗装の際の持ち手として使用する。 **30** 油性マジック: 黒い部分を補助的に塗装するのに使用。普通に市販されているマジックで充分だ。 **31** ハサミ: 芝のシートを切り出すのに使用する。これも文具店で市販されているものでよい。 **32** つまようじ: 塗料を盛るみ出した接着剤を拭う、瞬間接着剤を塗るなど幅広く使える。すぐに取り替えられるように沢山用意しておこう。 **33** 綿棒: 模型作りに便利なのはベビー用のもの。スミ入れ塗料とセットでとにかく多用するので、大量に用意しておきたい

カフェ エントランス
ジオラマセット
Sweet Style 1/24
発売中 税別3500円
Doozy Modelworks
(http://www.doozymodelworks.com/)

その名前の通り、カフェのエントランスまわりを再現した内容のこのキット。ベースの上には板塀と門柱を備えた鉄製のエントランスが再現され、カフェへと続く板敷きの小道と素焼きのタイルが張られたその両脇、そして飛び石が敷かれた門の奥の小道と、ベース表面だけでも異なる3種の要素が配されている。その上にはベンチと門の脇の棚、メニューの書かれた黒板を乗せたイーゼルなどの小物がセットされ、門灯とカフェの看板が情景に彩りを添える。

パーツはすべてレーザーカットで正確に成型された木製および紙製の板材から成り立っており、切り離して接着するだけで簡単に組み立てが可能。さらに部品が木材なので塗る→ヤスリで削るの工程を繰り返すことで、ダイオラマ内のストラクチャーに対して簡単に使用感やくたびれた質感を表現することができるのも魅力だ。ここでは、キットの素材の持ち味を活かした製作方法を紹介する。前述の道具類さえ用意していれば、それほど難しくない工程で魅力的な風景を作り出すことができるだろう

小物の製作と塗装

まずはじめにベンチ、棚、イーゼルといった木製の小道具類を完成させる。タミヤのスミ入れ塗料を活用することで木材らしい質感を出そう

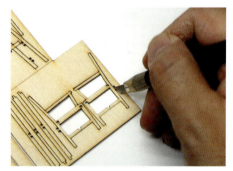

1 説明書をよく確認しつつ、ベンチ、棚、イーゼルなど小物の部品を板から切り出す。切り出す際にはデザインナイフを使用し、部品と板がつながっている箇所だけを切り取るように注意しよう。細いパーツも多いので、間違って折ったりしてしまわないよう切り出しはていねいに

2 パーツを切った箇所はどうしても跡が残るので、ウェーブの「ヤスリスティックHARD」の細いものを使用して、パーツを切り取った断面の部分を磨く。断面部分とパーツ本体とがおよそ平らになるまで磨いておこう。この時もパーツを破損しないように注意する

3 パーツを整形できたら、部品の凸になっている側に木工ボンド(奥川氏はアルテコの「速乾アクリア」を使用)をつける。凹側にボンドをつけるとはみ出してしまうことが多いので、できるだけ凸側にボンドをつけるとよい

4 説明書をよく確認し、所定の位置にパーツを差し込んで接着する。写真のように少し木工ボンドがはみ出すことがあるが、これは乾燥する前であればぬぐい取って処理できる

5 接合部からはみ出した木工ボンドは、つまようじの先端で拭うようにして部品から取り除くときれいに接着できる。このつまようじはこまめに取り替えるようにするとよいだろう

6 順番通りにすべての部品を接着し、ベンチを完成させる。組み立ての際は平らな台の上で工作し、部品が歪んだりすることのないように注意しよう

椅子はウェザリングでアンティークっぽさを強調する

　奥川氏とcobaanii mokei工房のコラボレーションによって展開されているSweet Style。このブランドでは「カフェエントランス」に同梱されている木製のベンチや棚以外にも、1/24スケールで椅子やテーブルをラインナップしている。これらは奥川氏の作品で随所に使用されており、一例をあげると52ページの「パブ&ビール」のパブの軒先に配置されているベンチはSweet Styleの「ハウスとデッキのある庭」に付属するものであり、また22ページの「モベッタバー」で看板が立てかけられている椅子も同じくSweet Styleの「イスセットA」をオイルステイン風の塗装で仕上げたものだ。
　この製作How toでも紹介しているように、Sweet Styleは薄い木材をレーザーで切り抜いて成型されており、いわば本物と同じ素材でできている。そのため、今回紹介しているようなスミ入れ塗料や薄めたエナメル塗料などを表面に染みこませるだけで実感溢れる木製の椅子のような質感を表現できるのだ。基本的には奥川氏の作品に配されている木製品は本項で紹介した方法で製作されており、そのアンティークのような質感は情景でもよいアクセントとなっている。このように素材の時点からウェザリングによって古びた風合いを再現できるようになっているSweet Styleの椅子は、奥川氏の作品にとって欠かせない存在なのだ

7 木工ボンドが充分に固まったら、パーツの表面をスポンジヤスリで軽くヤスリがけし、表面の毛羽立ちやざらつきをとっておく。特にパーツの断面のエッジは念入りにヤスリがけしておくと雰囲気が出る

8 できあがったベンチを塗装する。塗装は木製パーツの地肌を活かし、タミヤのスミ入れ塗料を染みこませるようにして行なう。この塗料は適当な濃度に希釈されており色合いがしやすいため、この後も非常によく使用する。ここではまず最初に「ブラウン」を使う

9 スミ入れ塗料をよく振って撹拌し、小さめの平筆につけてベンチに塗っていく。スミ入れ塗料のフタにも小さな刷毛がついているが、筆で塗ったほうが塗り上がりが早い。部品の表面に塗料を染みこませるようにして塗るが、特に塗りムラは気にしなくてもよい

10 タミヤカラーのエナメル溶剤を綿棒に染みこませ、スミ入れ塗料で塗装したパーツ表面を軽く拭って余分な塗料を落とす。この時点で木の地肌を少し出しておくことで表面の色合いがリアルになる

11 ベンチの塗装後にヤスリがけし、表面を軽く削る。ベンチのような広い面積のエッジを削るにはスポンジヤスリを使うと、均一に地肌を出すことができる。ヤスリがけする際は、あくまで軽く削る程度に留めておこう

12 棚、イーゼルもベンチと同様にスミ入れ塗料のブラウンを塗り、エナメル溶剤で軽くエッジを拭いて乾燥させる。その後、棚のパーツのエッジの部分をヤスリスティックでヤスリがけし、使用感を出す。入り組んだ箇所をヤスリがけする際にはヤスリスティックの先端を使おう

「カフェ エントランス」にはあらかじめベンチなどがセットされているが、これらのアイテムは市販のキットに入っていることも。たとえばダイオパーク製品では「調理器具セット」(写真左)や「工場ツールセット」(写真右)といったキットに木製のベンチやテーブルなどが入っている。これらはスケールが1/35のキットではあるが、改造を加えたり、あるいは使いどころさえ見誤らなければそのまま配置しても違和感のない情景を作り出すことができる。

また、テーブルやベンチなど以外でも、工具、鍋や釜など1/24の情景にそのまま配置できるものも多い。活用方法によっては情景の幅を広げてくれるのがこれらのアイテムなのだ

市販の1/35スケールAFVキットを活用するとアイテムの選択肢が増える

完成した状態で作品内に配置されたキット付属の棚。木材の接合部や棚板の両端など、部分的に濃いブラウンを置くことで自然な古びた風合いが出ていることがわかるだろうか。また、棚板の縁や支柱の角の部分からは地肌の木材の色が覗く。このような表現を簡単に施すことができる点が、こういった小物類の全パーツが実際に木材でできているSweet Styleの大きな強みといえるだろう

13 スミ入れ塗料「ブラウン」での塗装が終わったら、スミ入れ塗料「ダークブラウン」をベンチの座面や背もたれなどの両端だけにグラデーションをつけるように塗っていく。筆は面相筆を使用し、少しずつ塗料を部品にのせていく

14 スミ入れ塗料「ダークブラウン」を塗った後、「ブラウン」との色の境界線をエナメル溶剤を染みこませた綿棒でこするようにしてぼかしていく。あまり強く拭き取りすぎて表面の塗料を完全に落としてしまわないように注意しよう

15 完成後のベンチの状態。座面や背もたれの端の部分に自然なグラデーションがかかっていることがわかる。ベンチの脚の接合部や座面の下側など、影になる部分にアクセントとして配色してあるのにも注目したい

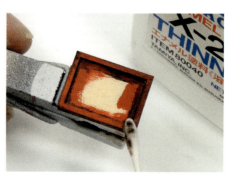

16 看板の額縁を組み立て、塗装する。情景のアクセントとするため、今回はファレホのフラットレッドを使用。この額縁を塗装する際には持ち手になるものに両面テープや丸めたマスキングテープでパーツを固定し、パーツ自体を手に持たないようにして塗装しよう

17 ファレホが乾燥した後に、額縁の凹部分を中心にスミ入れ塗料の「ダークブラウン」を流し込んでスミ入れをする。額の部分にもまだらになるようにスミ入れ塗料を塗っておき、色合いに変化をつける

18 スミ入れ塗料の乾燥後に、エナメル溶剤を染みこませた綿棒で表面を拭い、余計なスミ入れ塗料を落としておく。額の表面にはみ出した部分の塗料は若干残すようにしておくと、色合いに変化がつく

看板やポスターなどの印刷物はプリンターで製作

奥川氏の作品のなかでよく登場するのがカー用品やレーシングチームのステッカー、喫茶店やバーの看板など、様々な文字の書かれた印刷物だ。「カフェ エントランス」でもカフェの看板とイーゼルに立てかけられたメニュー表の黒板と同様、プリントした紙を木工ボンドや瞬間接着剤を使って取り付けられている。

このような看板やステッカーはほぼすべて奥川氏によってデジタルデータが作成されている。WEB上にあるミッドセンチュリーの雑誌やメーカーなどのロゴをダウンロードし、画像編集ソフトで調整。これをプリンターでプリントアウトして使用しているのがこれらの印刷物なのだ。

また、カフェのメニュー表や看板といった、引用できる画像が存在しない場合は奥川氏によって新たにデータが作成されている。これらのオリジナルの看板類には奥川氏の本業がグラフィックデザイナーである点が存分に活かされ、いかにも現実に存在しそうな、それでいて小洒落た雰囲気のイラストが作り起こされている。また、これらの印刷物はすべて紙製ではあるのだが、上からエナメル塗料やピグメントなどを用いて適度にウェザリングが施されており、ただ単に印刷して貼っただけの仕上がりとは一線を画している

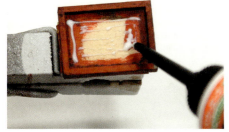

19 額の中に木工ボンドをうすく塗り、看板の文字を貼る用意をする。厚めに木工ボンドを塗ってしまうと接着するときに紙からはみ出してしまうので、あくまで少量のみを塗るようにする

20 接着剤が乾燥する前にキットにセットされている看板をピンセットでつまんで額に貼り付ける。角の位置を合わせ、慎重に額の中に貼り付ける

21 看板を接着した後、ベンチなどの小物と同様に額縁のエッジの部分をスポンジヤスリで削っておく。屋外に配置されている木製の看板なので、若干きつめにヤスリをかけ、ややくたびれた雰囲気にしておくとよいだろう

22 看板と同様に、イーゼルに置いておくメニュー表の黒板もファレホのブラックで全体を塗装する。これも洗濯ばさみなどで持ち手を作って塗装するとよい。こちらは額縁と違い、表と裏の両面を塗装しておこう

23 切り出したメニュー表の紙を木工ボンドでパーツに貼り付ける。紙の断面の白い部分が目立つので、木工ボンドの乾燥後に横から油性のマジックでなぞって黒く塗っておく

持ち手を付けると作業効率UP

ベンチやイーゼルなどの小物を塗装する際には洗濯ばさみやクリップなどでパーツをはさんで持ち手として使うと、手に塗料がついたり、塗料が生乾きの状態でパーツに触ってしまうというようなトラブルを防ぐことができる。

また、不安定な部品を乾燥させるときにそのまま台として置いておくこともできるのだ。ある程度細かい部品が多いキットでもあるので、持ち手用のクリップ類は多めに用意しておくとよいだろう

門柱と塀の製作

続いてはエントランスとカフェとを仕切る門柱と塀を製作。マホガニーとホワイトを塗り重ねることで経年劣化した木材の表面を表現する

1 塀の部品と門柱の部品に木目をつけるため、パーツの表面にカッターのこの刃を垂直に立て、部品に押しつけながら上下方向に沿ってこするように動かす。単調にならないよう、力に強弱をつけながら凹凸をつけていく。塀の部品は表裏両面に木目を入れよう

2 続いて門柱にもカッターのこで木目を入れていく。要領は塀のパーツと同様だが、柱は円柱状のパーツなので部品自体を回転させながら全周にまんべんなく木目を入れていく

3 部分的な木目の強弱をつけるため、特に強調したい部分は爪の先を強く押しつけて直接凹凸をつける。力を入れすぎてパーツを割ってしまわないように注意しよう。こちらも塀パーツの表裏両面にまんべんなく工作を加えていく

4 木目の加工をつけた表面を均し、また部品のエッジが立ちすぎている部分を丸めるため、板塀のパーツ全体をスポンジヤスリでヤスリがけする。あまり表面を削りすぎると木目のモールドが潰れてしまうのでほどほどにしておこう

5 加工が終わったら門柱と塀の部品に下地としてGSIクレオスの「Mr.カラースプレー S42 マホガニー」を吹き付ける。適当な角材などに両面テープで部品を立たせた状態で固定し、持ち手をつけた状態で塗装する

6 マホガニーが乾燥した後に、白を塗る前の下地として「Mr.ベースホワイト1000」を各パーツに吹き付ける。この時にべったりと全面に塗料を吹き付けず、まだらになるようにするのがポイントだ

塗料をあえて剥がして使い込まれた雰囲気に

この「カフェ エントランス」製作How toで作り方を解説している「白い塗料の色が剥がれ落ちた状態」の塗装方法。こういったテクニックも奥川氏の作品では頻出するものだ。具体的には14ページからの「ペーターズサービス」の建物の外壁や、各ダイオラマ内に置かれた椅子類などに見られる方法である。

表現のための基本的なプロセスはどの作品でも一度塗った塗料をヤスリなどでこすって落とすというもので、手法自体に大きな差があるわけではないが、「ペーターズサービス」ではAKインタラクティブから発売されている塗料剥がれ表現専用の液体を併用している

また、こういった手法を用いる上で大事なのがプラスチックのような樹脂ではなく、実際に木材でできたパーツを用いるという点だ。部品自体が木でできているため、一旦塗装してから塗料を剥がすというプロセスで簡単に風雨にさらされてくたびれた雰囲気を表現できる。そのため、奥川氏は建物の外壁のような大きな部品は細切りにした木材を用意して自作する。また、Sweet Styleから発売されている椅子などの製品が木製部品を駆使して作られているのも、そちらの方が「剥がれ」を用いたウェザリング表現を施しやすいからなのだ。もちろんプラスチック製の部品でもこのような表現を施すことは不可能ではないが、完成時の雰囲気と加工の簡単さを考慮すると木製部品を用いたほうがより合理的なのである

7 ベースホワイトが乾燥した後で、各パーツに「Mr.カラースプレー C62 ツヤ消しホワイト」を吹き付ける。こちらも全体にべったりと吹き付けるのではなく、薄くまだらになるように注意しよう

8 各塗料が乾燥した後、板塀、門柱ともに表面をヤスリがけして塗料の剥がれを再現する。塀のような平らなパーツを削るにはウェーブの「ヤスリスティックHARD」の平らな面を使用し、先ほどつけた木目の凹凸に沿って広く塗料を削るようにする

9 塀の部品の、板と板の隣接している部分や板の先端部分に汚れやシャドーを表現するため、面相筆でスミ入れ塗料の「ダークブラウン」を流していく。後で拭き取ることができるのでもし塗りすぎたとしても一旦そのままにしておく

10 エナメル溶剤を染みこませた綿棒で先ほど塗ったダークブラウンの部分をこすってにじませるようにし、パーツにグラデーションをつける。綿棒は板の上から下に向かって動かすようにすると自然な仕上がりになる

11 塗装が完成した門柱と塀のパーツ。門柱も塀と同様に上下の端にダークブラウンを塗っておき、綿棒でにじませてグラデーションをつけるとリアルな質感を表現することができる

ベースの製作と塗装
ベンチなどの小物、板塀、門柱が完成したら次はベースの工作。ストラクチャーを配置し土を盛ることで、実感あるベースを作りだそう

1 ベースはキットのパーツを説明書の通りに木工ボンドで組み立てれば簡単に完成する。裏側には付属の補強用パーツを十字に組んで貼り付けておく。ボンドが完全に硬化するまで触らずにおいておこう

2 部品同士を接合した箇所の面が揃っていないことがあるので、平らになるようにはみ出している接合箇所をヤスリで削り落とす。上面はもちろんのこと、側面にも後からパネルを貼るのでベースの全面を平らにしておこう

3 地面のタイル、板、飛び石を上の写真の位置に木工ボンドで接着する。タイルは角をベースの角に合わせるように注意し、板も直線で切れている部分をベースの縁に合わせるように接着する。飛び石は好きな位置に貼ってよい。また、板は全部がつながった状態で接着する

4 板を接着して木工ボンドが乾燥した状態で、各パーツがつながっている部分をデザインナイフで切り取る。こうすることで、各部の板を一気に貼り付けてしまうことができる。また、ベースの表面にはこのあと土を盛るので、多少刃先で傷をつけてしまっても問題ない

5 板と飛び石はそのままではパーツのエッジが立ちすぎていて人の足で踏まれた雰囲気がないので、スポンジヤスリで表面をヤスリがけし、パーツの形状をならしておく

6 タイル部分はファレホの「315 明るい泥色」「021 ミディアムフレッシュトーン」「343 肌色用シャドウ」「301 明るい鉄さび色」「341 肌色用ベースカラー」を使用。パーツに彫刻されたタイルの境界線に沿って塗装する

ヨーロッパの路地、石畳、砂地、ベースひとつで表情が変わる

カリフォルニアのビーチサイドやヨーロッパのバーの軒先など、表現する題材によって地域差の大きい奥川氏のダイオラマ作品。それを表現するためにとる方法として有効なのがそれぞれの地域に応じたベース表現をしっかりと行なうことだ。ビーチならば当然砂浜を表現することになるし、ヨーロッパであれば道が石畳であることも多い。なので、それらによってダイオラマの舞台となった場所の地域ごとの特性をより細かく表現することができるのだ。

今回製作方法を紹介している「カフェ エントランス」では飛び石のパーツが付属しているが、22ページに掲載している「モベッタバー」では地面に配置した飛び石としてスチレンボードを石の形に切り抜いたものを使用している。草の生やし方や地面の彩色方法なども今回紹介した「カフェ エントランス」と近しい手法が取られており、応用編といった趣である。

他にも、コンクリートで舗装されたガレージ前の地面やガソリンスタンドの前に広がる砂地、アスファルトで舗装された路地など奥川氏の作品に登場するグランドワークは多種多様だ。本誌収録の作品でもそれぞれに違った表情を見せているので、そういった部分にも注目して作品を鑑賞していただきたい

7 左側のタイル部分と同様に右側のタイルもファレホを使って塗装する。全体の色合いのバランスに注意しつつ、同じ色が隣り合った配置にならないように気をつけて配色を決めよう

8 続いて板部分はファレホの「155 ライトグレー」で塗装。先述のように塗装自体がムラになっても大丈夫だ。また、塗料自体が写真のようにベースにはみ出してしまっても、後から地面を盛っていくので問題ない

9 飛び石の部分はファレホの「104 ストーングレー」で塗装。こちらも前のタイル、板と同様にムラやはみ出しは特に気にしなくて大丈夫だ

10 地面はタミヤの情景テクスチャーペイント〈砂 ライトサンド〉で製作。着色されたセラミック粒子の入ったペースト状の塗料なのでまずよく撹拌し、次いでタミヤ製調色スティックなどスプーン状の器具ですくってからつまようじでベースの上に盛り上げるようにおいていく

11 門柱で仕切られたエントランスの向こう側には芝を植えるので、まず写真の範囲に情景テクスチャーペイントを盛りつける。ある程度乾燥したところで門柱と塀を木工ボンドで接着しておく。垂直に取り付けるように注意しよう

12 キット付属の芝を任意の形状にハサミで切り分ける。切った線が直線的にならないよう注意しながら各部を切り、またシートの直線部分がベースの縁に来るようにうまく配置を考えよう

地面のウェザリングにはこの塗料が便利

奥川氏は地面に部分的な色や質感のアクセントをつける際にはピグメントを使用している。ピグメントとは、本来ならば溶剤で溶かされている塗料の顔料が粉末の状態でパッケージされているマテリアルで、塗った面が独特のざらついた質感に仕上がるのが特徴だ。今回はこれらをアクリル溶剤で溶いて使っている。本作ではミグプロダクションズの「P024 ライトラスト」と「P029 ブリックダスト」、CMKのウェザリングピグメント「SD01 ダークラスト」、「SD02 ライトラスト」、「SD07 ライトダスト」の合計5色を適宜使用。複数の色をアクリル溶剤で溶かしつつ使い分けることになるので、専用に「菊皿」(上の写真右)のように複数種の塗料を出しておける皿を用意して使用すると塗装を進めやすいだろう

13 今回は芝はこのように配置。シート一枚でおよそこの程度は配置することができる。うまくシートの縁の直線部分をベースの縁に沿わせているのがわかるだろうか。芝を配置できたら、他の部分と同様に芝を貼っていない部分に「情景テクスチャーペイント」を盛っていく

14 ベースの地面が完全に乾燥したのを確認してから、タイル部分のモールド、板部分と飛び石部分の表面にスミ入れ塗料の「ダークブラウン」を流す。ある程度はみ出しても後から拭き取ることができるので、気にせずに塗っていく

15 スミ入れした塗料をエナメル溶剤を染みこませた綿棒で拭く。板やタイルのパーツの彫刻に入り込んだ塗料を落としてしまわないように、あくまで表面を拭くだけにしておこう

16 続いて地面の部分にスミ入れ塗料の「ブラウン」を流していく。「情景テクスチャーペイント」は乾燥すると塗料の中の粗い粒子によってざらついた表面になるので、そのざらつきに塗料を染みこませるようにして塗っていく

17 塗料が乾いたら板部分のみ、表面の塗料を軽くヤスリで削り落として使い込まれた感じを表現する。飛び石の部分やタイルの部分はまだ塗装のプロセスが終わっていないので、あくまで板の部分のみを削り落とす

18 アクリル溶剤で軽く溶かしたピグメント各色を写真のようにタイルの継ぎ目や地面との境界部分に少しずつ置いて塗装していく。塗装には面相筆を使うと余計なところにピグメントがついてしまうのを防げる。同様に飛び石の部分にピグメントを塗ってもよい

木の塗装や表現方法について

海外の邸宅やカフェではよく見かけるウッドデッキやポーチのような「屋外に木の板が張ってあるスペース」も奥川氏の作品には頻出するモチーフである。例えば6ページからの「モッフルカフェ」ではベース全体にウッドデッキが配置され、その上に植木鉢や椅子などが配置された作品となっている。また14ページの「ペーターズサービス」のガソリンスタンドへの入り口部分にも同様に木材が配置されている。

注目したいのは、これらの部分は（当然のことながら）木材そのままの色では塗装されていない点である。通常の建物ではこれらの箇所は目止めや腐食防止も兼ねて塗装されるのが常であり、またその塗装面が風雪に晒されることで独特の雰囲気になっていく。一概には言えないものの、多くは白やライトグレーのような色での塗装が多いようだ。奥川氏の作品でもそこは考慮されており、前述の「モッフルカフェ」ではウッドデッキ部分はライトグレーで塗装されている。この部分にもヤスリがけとスミ入れを組み合わせることで表面のくたびれた質感が表現されているのだが、やはり大きいのは実物をよく観察し、それを模型の形に落とし込む技術だろう。木製のウッドデッキをグレーで塗る、という一点にもそのような観察眼が活かされているのだ

19 固まり状に置いたピグメントを、アクリル溶剤を染みこませた綿棒でタイルの表面に薄くのばしていく。一色だけではなく、砂っぽい色、赤土っぽい色など、複数色を使い分けてタイルの表面の色に変化をつけていく

20 タイルの仕上げができたところで、地面部分にファレホの「342 肌色用ハイライトカラー」をドライブラシしてハイライトをつけていく。塗料を筆に少量つけ、その筆を軽く拭き取ってからすりつけるように地面部分に色を置いていくことで、地面部分の凸になったところにだけ色を塗るようにする

21 ここまで仕上げができたところで、タイル部分をスポンジヤスリで軽くヤスリがけし、凸部分やタイルの縁の部分の色を軽く落とし、タイル表面のくたびれた質感を出していく

22 タイルと同様に飛び石の部分も軽くスポンジヤスリで表面をなでておき、凸部分や縁の部分が軽く色あせたような感じにしておく

23 タイルの脇などから生えている丈の低い草を再現する。まず草を生やしたい位置に木工ボンドを少量塗っておく。草を生やす位置はタイルの縁や板の隙間、塀の根元あたりなどなにかストラクチャーの近所にしておくと現実感が出る

24 鉄道模型のレイアウトなどで使用する草素材の「グラスセレクション」からグリーンを使用し、ピンセットでボンドを塗った箇所に貼り付けていく。ベースには少量ずつ貼り付け、ジオラマ全体のボリュームを見ながら草の量を調整しよう

キット付属の芝用シートに加え、「グラスセレクション」や「ミニネイチャー」といった素材を適宜使いわけることで、芝以外にも複数種の草が生えていることを表現した本作。色合いや草自体の高さが異なるものをバランスよく混ぜて配置することで、このような表現を可能にしている。

今回はこのような素材を用いているが、草や花を表現する素材は現在数多く発売されている。鉄道模型の専門店に足を運べば、青葉から枯れ草まで様々な色合いを再現したパウダー状の草素材や、ある程度高さのある雑草を再現するための素材が多数揃っている。これらを組み合わせることでいろいろな時期や種類の草を再現できるので、是非ともトライしていただきたい

25 複数種が発売されているミニネイチャーの中でも、今回は株タイプという、草むらが株単位でシートに貼りついている商品を使用。1株ごとにピンセットでつまんでシートから取り、ボンドをつける前にある程度のボリュームにまとめておく

26 まとめたミニネイチャーの株の根元部分に木工ボンドをつける。つけすぎると草らしいふわっとした感じに仕上がらないので注意しよう

27 ボンドをつけたらそのままピンセットでベースに草を固定し、乾燥するまでそのまま待つ。丈の高い草を配置する際には位置に注意し、単調な配置や等間隔な配置にならないよう注意して貼り付ける

28 門をくぐった先にも同様に丈の高い草を植える。写真のように、位置は飛び石の横や芝のシートの際の部分などに生やすと自然な仕上がりになる

丈のある草はミニネイチャーで再現

タイルの脇などに生えている背の低い草はグラスセレクションで表現したが、丈の高い草も株式会社エリエイから発売されている「ミニネイチャー」という専用素材を使えば再現可能。これは草むらが株単位でシートに貼りついている商品で、ピンセットでシートから剥がして草を生やしたい位置にボンドで固定するものだ。背が高いものと低いものが発売されており、高いものの長さをハサミなどで切りそろえて好みの長さにしつつ使用することも可能。色は春夏秋冬の草の色を再現した4色が発売されているので、作りたい季節に合わせて選択して使用できる（ちなみに今回は「萌える春」という若草色の商品を用いている）。この株タイプのミニネイチャー以外にも、広い範囲の草むらを再現できるマットタイプのものや、あぜ道や道路脇などに直線的に生えている雑草を再現できる細長い帯状に草が生えたシート状のものも発売中。再現したい風景などに合わせて適宜選択して使用したい。全国の鉄道模型用品店や、WEB上でも購入が可能である

金属部分の仕上げ

ベースの工作が終了したら門扉、門灯など金属でできた部分を仕上げる。比較的繊細な組み立てが必要な箇所ではあるが、落ち着いて工作を進めたい

landscape creation 2

1 門灯を組み立てる時には瞬間接着剤を使用。細かい部品なので、瞬間接着剤のボトルには細めのノズルを取り付けて使う。部品を組み合わせた状態で接着剤を少しづつ流し込み、各パーツを固定。表面が白くなることがあるが、後から処理するので問題ない

2 塗った瞬間接着剤を硬化させるため、タミヤの硬化促進剤を付属の刷毛で塗る。瞬間接着剤の硬化促進剤はスプレータイプのものも発売されているが、この門灯のような小さいパーツにピンポイントで塗るには刷毛で塗るタイプのほうがよいだろう

3 硬化促進剤で瞬間接着剤が固まった後、瞬間接着剤が固まる際に白くなってしまった部分をスミ入れ塗料の「ブラック」を筆塗りして黒く塗装する。細かい部品なので、塗装の際にはピンセットでパーツを保持するとよい

4 門扉の蝶番部分にゼリー状の瞬間接着剤をつけ、門柱の横の部分に取り付ける。瞬間接着剤をつけすぎないよう、平らな場所に出した接着剤をつまようじの先に少量つけ、すぐに門柱に接着する

5 黒い部品は金属部分なので、スミ入れ塗料の「ブラウン」を部品の表面に軽く流すように塗り、うっすらとしたサビを表現する。特に風見鶏の根元部分など、へこんだ部分などに茶色がのるように調整しながら塗装しよう

6 門扉、風見鶏、門灯をすべて固定する。門扉は開き方が左右で同じにならないよう、角度に変化をつけて固定しよう。また、門灯は柱に接着したフックにひっかけるだけとし、特に接着はしていない

小物の接着と仕上げ
ここまででベース上に乗せる要素はあらかた完成。最後の工程としてツタなどの草の配置や、ベンチなど小物をベース上に接着していく

1 キット付属のツタの茎部分にスミ入れ塗料の「ブラウン」を面相筆で塗り、乾燥させる。この塗装は部品が台紙にくっついた状態で行なうと、台紙自体を持ち手にすることができて効率的だ

2 塗料が乾いたらツタを台紙から切り離し、根元側にゼリー状瞬間接着剤をつける。この時もチューブから直接接着剤をつけるのではなく、つまようじの先端に少量をつけてからツタの根元につけるようにしよう

3 接着剤が硬化する前にピンセットでツタをつまみ、好きな場所に接着する。基本的にどこに接着してもよいが、今回は板塀の元から生えているという形にしたため、草地の中にツタの根元を植え込んだ

4 植え込んだツタの根元に硬化促進剤を塗り、まず先にこのツタの根元を完全に固定してしまう。この後の工程でツタ自体を逆側に曲げることもあるので、根元はしっかりと固定しておこう

5 根元を接着した時と同様に数cmおきに瞬間接着剤をつまようじで塗り、ツタを板塀に固定していく。葉の部分は接着してしまわないように注意しつつ、自然に壁に沿ってツタが這っているように接着する

6 接着したツタの葉の部分をピンセットでつまんで起こし、ツタ全体に自然な表情をつけていく。強く引っ張ったりひねったりすると葉がちぎれてしまうので、ていねいに工作を進める

草や木、葉の再現方法

奥川氏の作品に欠かすことのできない要素が、建物や石段の脇にさりげなく生えている草や樹木。ものによって再現方法は異なるが、たとえば店の軒先に生えている立ち木であれば実際にツゲの木の枝を折ったものを芯にして、細い枝などはドライフラワーの軸をカットしたものを枝振りのバランスを見ながら適宜接着して再現されている。また、鉢植えの花などはダイオパークや紙創り製の各種パーツをそのまま使用していることも多い。主に1/35のダイオラマ用の素材としてだが、これらの草花は驚くほど多様な種類がキット化されている。特に紙創りの製品ではタンポポやヒナギクといった背の低い花や雑草やシダ類、さらに壁を這うツタやプラタナスといったある程度高さがあって見栄えのするものも紙製のキットとしてモデル化されており、実のところ情景内で草花を再現する選択肢は非常に広いのである。

奥川氏の作品には鉢植えに植えられた花もよく登場するが、こちらの植木鉢もバラエティに富んだパーツが使われている。自身のブランドであるSweet Styleからテラコッタ製の1/24スケール植木鉢が販売されているのでそれを使用することも多いが、キャラクターモデルのバーニアパーツをひっくり返してその中に花を植える、といった工夫もよく見られ、植木鉢ひとつにも奥川氏ならではのアイディアが光っている

7 もう一本のツタも同様に、片側の板塀の壁面に沿って接着し、葉を起こして表情をつけた。この接着例はあくまで一例であるので、左右を入れ替えたり違う位置に貼り付けたりしても大丈夫だ

8 こちらが右側の塀に植えられたツタの完成状態。自然な角度で塀自体に接着されつつ、うるさくない程度に葉が持ち上げられているのに注目。作例ではこの位置に接着したが、位置や角度はこの通りではなくても大丈夫なので好みの生え方を探ってほしい

9 先に仕上げておいたカフェの看板を木工ボンドで板塀の表面に接着する。この看板も取り付け位置は自由だが、門灯の下に配置したほうがより自然だろう

10 別々に仕上げておいたメニュー表の黒板とイーゼルとを木工ボンドで接着し、先に組み立てておく。木工ボンドがイーゼルの枠からはみ出さないように量を調節し、木工ボンドをつけるときはイーゼル側に先につけるようにしよう

11 続いてあらかじめ製作しておいたベンチや棚などをベースに固定する。接着にはゼリー状の瞬間接着剤を使用。しっかりと接着したほうがよいパーツなので、写真のようにチューブから直接接着剤を塗ってもよいだろう

12 接着剤が固まる前に、ベンチをベースに固定する。このベンチも基本的には配置は自由なので、好きなところに接着してかまわない。本作では門扉の右側に接着した

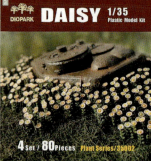

草や花の再現には こんなマテリアルも

奥川氏も幅広く使用している草花を再現するための素材類。各メーカーから様々なものが発売されているが、ここでは比較的簡単に手に入るものをご紹介したい。ダイオパークからは❶の「SUNFLOWER ヒマワリ」と❷の「DAISY デイジー」が発売中。どちらもプラスチック素材で成型されているが、素材自体の粘性が強いので茎などを自由に曲げることができる。特にデイジーは80本分がキットひとつに入っているため、パッケージ写真のように群生している様子を再現することも可能だ。1/35のキットではあるが、1/24の風景の中に植えても違和感なく使うことができる。

紙創りからは❸雑草Ⅱ、❹アイビー、❺雑草 エノコロ、❻雑草 ツタといった商品が発売中。こちらはSweet Style製品と同じく厚紙をレーザーカットして作られた製品であり、塗料での彩色、曲げ加工なども自由自在。紙創りの製品もダイオパーク製品と同様にいずれも1/35スケールだが、1/24のSweet Style製品と組み合わせて使用しても違和感なく馴染ませることができる。また、ここで紹介した以外にも紙創りではメープル、オーク、オリーブ、マロニエ、ヤシといった高さのある樹木類や、シダ、アシ、など丈の低い植物、さらにチューリップやバラといった花も販売しているので、WEBページ(http://www.kamizukuri.jp/)を覗いてみてほしい

---

landscape creation 2

13 ベンチを配置したところで、接着剤が硬化する前にはみ出した瞬間接着剤をつまようじの先端でぬぐいとっておく。これと同じ要領で、棚やイーゼルなどの他の小物も接着してしまう

14 キットに付属する葉の大きい草は全体のバランスを見つつ最後に接着したほうが無難。まず台紙からパーツを切り離し、一端をピンセットでつまんでから回転させて丸めていく

15 丸まったところで根の側にゼリー状の瞬間接着剤をつけ、根元側を固定する。より早く硬化させるためにツタを貼り付ける工程などで使用した硬化促進剤を使用してもよいだろう

16 草の根元が硬化したら葉の部分をピンセットでつまみ、外側に向けて折って広げていく。広がり具合が均等にならないよう、注意しながらていねいに折っていこう

17 葉がちょうどよく草状に広がったところで根元に木工ボンドをつけ、ベースに固定する。草は全部で3つセットされているので、好きな位置に接着しよう。本作では板の付近に生やした雑草の近くに接着している

18 棚、イーゼル、ベンチを接着した状態。今回はこのような配置としたが、基本的にはどのように配置してもかまわない。置き方によって大きく情景全体の雰囲気が変化するので、接着する前に色々と配置を試してみるのもよいだろう

ベース側面の仕上げ

ベース上のストラクチャーが完成したところで、ベース側面の木目シートを接着。パーツの断面が目立たないよう油性マジックで処理するのを忘れずに！

1 キットにはベース側面に貼るための木目シートがセットされているが、ベースの上に貼ったタイルなどの断面は横から縁が見えてしまう。この部分を目立たないようにするため、木目シートを貼る前に断面部分を黒の油性マジックで塗りつぶしておく

2 縁の部分をマジックで塗ったら、ベースの側面全体に木工ボンドを塗っていく。木目のシートが縁の部分から剥がれてくることのないよう、隅々まで木工ボンドを塗っておこう

3 所定の位置に木目シートを貼り付ける。貼る位置はベースの下端に合わせ、木工ボンドが硬化する前にベースの角などを基準にして合わせておく。前後左右の4面に対して以上の工程を繰り返す

4 これでカフェエントランスの製作に関する工作はすべて終了。色合いなどは完成後でもスミ入れ塗料と綿棒などで調整することができるので、気になる箇所があれば手を入れるのもよいだろう

ベースはアクリルケースも含めて特注で製作することも

　Sweet Styleのダイオラマ製作キットにはストラクチャーと合わせて専用のベースが付属しているが、いざ自分でオリジナルの情景作品を作るとなると意外に難しいのがベースの選択。市販品を使おうにも製作したいダイオラマにぴったりとマッチするベースはなかなか見つからないことも多い。

　こういった不満点を解消するべく、奥川氏は木材加工の専門業者に委託して作品に合うサイズの一点物のベースを製作して使用している。多くの場合このベースやストラクチャーの高さに合うサイズのアクリル製ケースも合わせて発注されており、表現する題材のサイズや雰囲気に合わせた演出が考えられているのだ。また、68ページからの「ハングルーズ！1981」で使用したベースは奥川氏の自作によるもの。たかがベース、されどベース。総合的な演出の施された奥川作品では決して侮ることのできない存在なのである

pub & peel

パブ＆ピール　1/24スケール（2014年製作）

「ペーターズサービス」、「モペッタバー」に続く
同じベースを用いた連作ダイオラマの3作品めとなるのは
"世界で最も小さな自動車"とも言われる
ピールP50が停められた軒先を描いた一作、「パブ＆ピール」だ
イギリス製のミニマム極まる自動車に合わせ、選ばれた題材はパブ
いかにもイギリスらしい落ち着いた外観の建物の脇には
どこか愛嬌のある見た目のピールP50が不思議なほどよく馴染む
また本作も先ほどの2作品と同様に
チップLEDによるライティングをギミックとして搭載した作品である
軒先の門灯と室内、さらにピールP50の真上に
取り付けられたランプから放たれる柔らかな光は
まさしく「こんな店があったらつい入ってしまう」という
奥川氏の理想の光景を感じさせてくれるに違いない

　14ページの「ペーターズサービス」、22ページの「モペッタバー」と続く、小さなスペースに世界観を詰め込んだ作品の中でも、ある意味最もミニマムな印象を受けるのがこの作品ではないだろうか。題材となったピールP50はまるでオモチャのような小ささで、それがちょこんと軒先に佇むパブの光景には心和むものがある。このピールP50は「モペッタバー」と同様に奥川氏の友人が個人的に製作したモデルをレジンキャスト複製したものが使われており、車両自体の完成度は非常に高い。イギリスの郊外っぽさを表現したかったというパブの建物の印象はいかにも質実剛健といった印象で、それがより一層このピールP50の印象を強いものとしている。
　本作もまた前述の2作品と同様に軒先の門灯、室内、さらにピールP50の真上に据え付けられたランプの三箇所にチップLEDが仕込まれ、建物内を通ってベースの裏面に配置された電源とスイッチによって点灯することのできるギミックを搭載している。「モペッタバー」では店先に置かれたスタンドライトが点灯したが、この作品では2灯がどちらも建物の外壁に配された灯りとなるため、門灯とピールP50の真上のものとで大きくランプ自体の形状を変えるという方法がとられている。この作品でもチップLEDは電球色のものが使用されており、その柔らかく落ち着いた光は郊外に建つパブの夜の光景を実感溢れる演出として彩っている。もちろん奥川作品の持ち味であるベース上のあらゆるストラクチャーにまで神経の行き届いた雰囲気は健在で、見るたびに新たな発見があるような作品となっている

この作品でもメインとなる建物は厚さ5mmと3mmのスチレンボードを部分に応じて使い分け、箱状に組み合わせて骨組みが製作されており、外壁の漆喰が剥がれて下のレンガが露出している部分の表現方法は「モペッタバー」で紹介したのと同様に、プラストラクトのレンガ状シートとタミヤの「情景テクスチャーペイント」、さらにラッカー溶剤で溶いたラッカーパテを用いた方法が使われている。ピールP50の後ろにある板葺きの小屋部分もヒノキの薄板を下から重ねるように貼り合わせてファレホのツヤ消しホワイトで塗装し、スポンジヤスリで軽く表面の塗料を剥がした方法が使われており、このあたりの塗装表現も本書6ページから掲載している「モッフルカフェ」の板塀を塗装したのとほぼ同じテクニックだ。煙突の先端はプラパイプとコトブキヤ製のキャラクターモデル用アクセサリーパーツを組み合わせて製作されている。また、ピールP50が停められているコンクリート舗装の部分は「コースパミスゲル」を塗った後に表面をスポンジヤスリでならすことで質感を表現している

1入り口横に配置されている棚はSweet Styleの「棚セットA」に付属する2種類の棚のうち、小さい方をそのまま使用。上に置かれている看板はWEB上で探した画像を厚紙にプリントアウトしてアクリル溶剤で溶かしたピグメントでサビを描き込んだものだ。上段の白い缶はバーリンデン製の1/35ミリタリーモデル用のアクセサリーパーツから、横のボトルは同じくAFV用アクセサリーパーツのジャンクからチョイス。下段の植木鉢はコトブキヤ製の「バーニアパーツ」を使用し、植えられている花はcobaanii mokei工房の製作した試作品を使っている。奥の青色の四角い缶はガレージキットのジャンクパーツ、その手前のグレーのビンは自動車のプラモデルのパーツの余りを再利用した。**2**手すりは太さ2mmのプラ棒で製作。先にGSIクレオスの「Mr.カラースプレー マホガニー」を吹き付けてからファレホのグリーンで塗装。乾燥後にアクリル溶剤で溶いた茶系統のピグメントでサビを描いている。**3**門灯はミニアートの「1/35 FRENCH FARM GATE」に付属する街灯からパーツを流用。四方にはまったガラスはパターンシートという洋服の型紙を作る際に使用する半透明のシートを切り取って貼り付けている。門灯のアームはSweet Styleの「アイアン看板セット」のパーツに太さ1mmのプラパイプを接着し、内部に配線を通せるようにして使用した。**4**スレート葺きの屋根は帯状に切り出して不定形にギザギザの切れ込みを入れた厚さ1mmのスチレンペーパーを一段ずつ重ねて表現。ある程度ラフに切ったものを重ねると自然な見た目になる。**5**入り口の上に貼られた「PUB」の文字は「モペッタバー」の看板と同じくスケールリンク製のエッチングパーツを使用している

❶エントランスの階段部分はホームセンターで売っている8mm角の木製角材を長さを揃えて切り出し埋め込んでいる。塗装には「ファレホ パンツァーエース」の「オールドウッド」を筆塗りし、「タミヤ スミ入れ塗料 ダークブラウン」と黒を表面に流して質感を出した。横の樽はミニアートの「小物セット2」から小さい方の樽を流用し、その上の白い缶はAFV用アクセサリーのジャンクパーツを使っている。❷建物裏に置かれた車輪は1/35の対戦車砲に付属するホイールを使用。その横の白と緑の缶はタミヤの「1/48 ジェリカンセット」に付属するものを配置。上のバケツはキャラクターモデルのバーニアに伸ばしランナーで取っ手をつけて自作した。青色の缶はプラスモデルのパーツから、その上のサビた缶は同じくプラスモデルの「1/35ドイツ軍用水タンク」を使っている。❸このドアも奥川氏が作成した版下データを元にしてcobaanii mokei工房が木材の薄板をレーザーカットしたもの。ドアノブは1/12のドールハウス用真ちゅう製ドアノブ部品をそのまま貼り付けている

❹門灯に貼られた型紙用パターンシートは半透明のため、さながら磨りガラスのような感じでLEDの光をぼんやりと拡散する効果がある。❺本作ではピール P50の上に配置されたランプも点灯。❻建物外壁に露出したレンガは「モペッタバー」で紹介したのと同様にプラストラクト製のパターンシートを使用。白い部分はレンガの塗装を施した上から「ジェッソ」を塗り、水をつけた綿棒で乾燥前にふき取って溝の中に「ジェッソ」を残す方法で表現した。❼赤く塗装された雨樋はプラパイプを縦に半分に分割したものにプラ板でディテールを加え、下に伸びるパイプの部分はプラ棒を手で曲げて製作。ファレホのレッドを塗った後にダークブラウンのピグメントをアクリル溶剤で溶いたものでサビを描き込んでからタミヤの「スミ入れ塗料 ブラック」でウェザリングしている。❽店の前に置かれた幅の狭いベンチはSweet Styleの「ハウスとデッキのある庭 ガーデンA」に付属するベンチを使用。タミヤの「スミ入れ塗料 ブラウン」と「ダークブラウン」を使って塗装し、配置している。また、下の石畳はREMIというメーカーから販売されていたバキュームフォームの石畳プレートをベースに合わせて切り出して使っている。❾白い缶に植えられている草はcobaanii mokei工房の紙製パーツを植え、右脇の黄色い鉢植えの花は「ミニネイチャー」製の花パーツを使った。その右脇の鉢植えの花は紙創りのキットを使用している。❿ピール P50もまず全体にサーフェイサーを吹いた後、ファレホのパールブルーで塗装。エナメルの黒やブラウンでスミ入れをした後、垂直方向にタッチを入れて雨だれを表現。さらにアクリル溶剤で溶いたピグメントで汚れを描き込んだ。⓫建物脇の樹木は拾ってきた枝にドライフラワーの枝を瞬間接着剤で固定して製作した

A軒先に設置された門灯のパーツを製作するのに使用したのはミニアートの建物用アクセサリーパーツに付属する街灯パーツの一部。本作では先端部分のみを切り取り、内部にチップLEDを仕込んで点灯するように加工している。ミニアートからはこのキットのように1/35スケールで建物などの市街地を再現するためのキットも多数発売されている。Bエントランスの前に置かれたベンチはSweet Styleから発売されている「ハウスとデッキのある庭 ガーデンA」に付属しているものを使用。このベンチはこのキットにしか付属していない。こちらはタミヤ スミ入れ塗料で塗装している。Cピール P50の後ろに据えられた棚は「棚セットA」に付属しているもののうち、小さいものを使用した。この棚は60ページから掲載されている「Garage & Motorcycle」でバイクの後方に置かれているのもこのタイプの棚だ

このダイオラマで題材となっているのが"世界最小の車"ピールP50。イギリスはマン島にかつて存在したピール・エンジニアリングカンパニーが製造していた小型の三輪車である。大人ひとりと買い物袋ひとつを乗せられるだけ、という割り切った設計の車で、乗車定員は前述のとおり1名、ドアも片側1枚のみ、前照灯も一灯だけという非常に簡素な装備の車だ。エンジンは原付バイク並みのものが搭載されており、変速は3速マニュアル、最高時速は61km/h。しかしバックギアがついておらず、後退したい場合は「車を降りて手で後ろに押す」という方法をとる。ちなみに2012年にはこのピールP50の電気自動車タイプが復刻版として限定発売されていた。こちらは電化されたため、バックすることができそうである

garage and motorcycle

ガレージ&モーターサイクル　1/24スケール（2013年製作）

「ペーターズサービス」などと同様のベースを用いた小サイズの情景シリーズの末尾を飾るのは
1/24の軍用バイクという野心的なキットを題材とした情景作品である
そもそも1/24スケールで立体化されたバイクのキットというのは今のところほぼ類例がなく
その意味でもこのタスカモデリズモ製の「ツュンダップ KS750」は非常に貴重な存在なのだ
本作はこのキットの存在ありきでレイアウトされたダイオラマ
レンガ造りのガレージの軒先で整備中の、元軍用バイクがいわば
"余生"を送っている姿を瑞々しく切り取った一作である
通常は1/24スケールで車両を入れ込むことが不可能なほど
小サイズのベースを使用していながら
バイクという題材に的を絞ることでミニマムな構図を成立させている
また、この一連の作品の共通項でもある電飾ギミックは本作でも健在で
ガレージの壁面に取り付けられたランプはチップLEDで点灯する
スカイブルーの塗装に彩られたバイクを引き立たせるような
全体の色彩設計や構図にも注目しつつ、この風景を楽しんでいただきたい

　奥川氏は自動車と風景を絡めたダイオラマ作品は多数製作しているが、バイクを題材とした作品は極めて稀だ。完成品ならば多少は存在するものの、自動車模型の主要スケールである1/24でのバイクのインジェクションプラスチックキットは極めて稀で、文字通り「作りたくても作れない」といった状況が続いていた。そこに発売されたのがタスカモデリズモ(現アスカ)の「1/24 ツュンダップ KS750」のキットである。奥川氏の構想として車両のまわりに工具が散らばっているようなガレージを作ってみたかったということもあり、この作品の誕生につながったというわけである。

　KS750は元々はドイツ軍の軍用バイクなので、製作にあたってはカラーリングを大きく変更。ミリタリーな雰囲気ではなく、あくまで民間用の一般車に見えるように気を配った配色としている。またマフラーの形状を大きく変更し、軍用車らしいムードにならないよう心がけたものとなった。バイク自体にも各部に塗料剥がれなどを随所に描き込んでおり、軍務を外された一台が新天地でまだ走り続けているイメージを追求した。またバイクの周りに置かれた工具類や棚に置かれた缶などは1/35用に豊富に発売されている素材を活用し、密度感のある絵作りを試みている。

　「ペーターズサービス」から連なる同一のベースを使用した一連の連作の共通項であるチップLEDを用いた電飾ギミックはこの作品でも健在で、本作ではガレージ入り口の上に配置されたランプが点灯する。このギミックによって、明るい昼の光景とは大きく印象の異なる夜の光景も劇的に演出することができ、その表情の変化は驚くばかりだ。また、奥川氏の作品全体にいえることでもあるが、この作品でもベースに対して建物やバイクの配置が斜めに傾けられており、動きのある構図になっている点にも注目したい

❶ガレージの脇の母屋に立てかけられたジュースボックスはSweet Styleの「ジュースボックスセットA」から流用したもの。その上に置かれたバイクの描かれた看板はWEB上からダウンロードした画像を厚紙にプリントアウトしたものを利用している。この看板では通常よりも厚紙を大きく折り曲げており、その折り目にアクリル溶剤で溶いたピグメントを塗ることで塗面の剥がれからサビが浮いている様子を再現している。❷ガレージ入り口脇に置かれたジェリカンは「ツンダップ KS750」のキットに付属するもの。出来は大変素晴らしく、ドイツ軍用のジェリカンの大きな特徴である中央に入った溝もしっかりと彫刻されている。ファレホでダークイエローに塗装した後、アクリル溶剤で溶いたピグメントでサビを描き込んだ。❸工具類はダイオパークの「1/35 ファクトリーツールセット1」に付属する工具や1/35のAFVモデル用エッチングパーツ各種、フジミの「1/24 ガレージ&ツールセット」に付属するものなどを混合して配置。白いボトルや赤いスプレー缶はプラ棒を切って自作し、工具を入れた箱はダイオパークの「工場ツールセット」に付属する作業机の引き出しである。❹ツンダップ KS750」はマフラーをプラ棒で自作したものに置き換えた以外はキットをそのまま製作して使用。ブレーキパイプやプラグコードとして使用しているのはフライフィッシングで疑似餌を作る際に使用する黒いラインである

奥川氏による他作品と同様、この作品でもベースに対して斜めに傾いた構図で空間を切り取って全体に動きを出している。建物は5mm厚のスチレンボードで箱組みし、レンガ壁はこの骨組みの上からプラストラクトのレンガ模様パターンシートを貼っている。スレート葺きの屋根は切れ込みを入れた厚さ1mmの帯状スチレンペーパーを下から貼り付けていく方法で製作。これは「パブ＆ビール」で屋根を作るのに使ったのと同様の方法である。コンクリートで舗装された地面はコースパミスゲルを塗り、乾燥した後にスポンジヤスリで表面をある程度平らに均して製作した。コンクリートの継ぎ目の部分はコースパミスゲルの表面にヤスリをかけた後で定規を当てつつボールペンで何度か線をなぞって彫刻を入れ、部分的にスパチュラを使って彫りを深くしている。この素材は硬化後でも彫刻を入れることができる硬さの素材のため、このような表現が可能となった

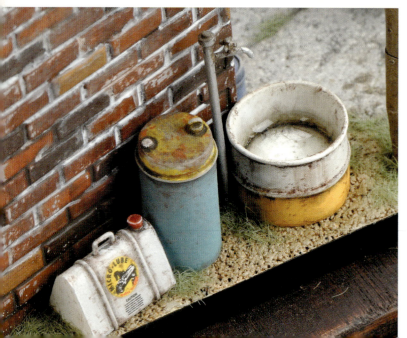

1 バイクのシートの縁の革素材の色合いはまず先にファレホのブラウンでシート全体を塗装し、次にその上からタミヤエナメルのフラットブラックを筆塗り。乾燥後にエナメル溶剤を染みこませた綿棒で何度かシートの縁をこすることで下のブラウンを露出させて表現。各部の塗装剥がれはアクリル溶剤で溶いたピグメントで描き込んでいる。また黒い部分にはタミヤの「スミ入れ塗料 グレイ」を塗って埃が積もった様子を再現した。**2** ガレージの脇の棚はSweet Styleの「棚セットA」から小さい方の棚を使用。棚の中身はバーリンデン、プラスモデルといったAFV用アクセサリーメーカーが販売している1/35スケール用の缶や各種キットのジャンクパーツがぎっしりと並べられた。**3** ベースの端に配置された水道はプラ棒とコトブキヤのキャラクターモデル用ディテールアップパーツを使って自作。桶はレジン製のドラム缶を半分に切って製作し、脇の缶は丸いものをDoozy Modelworksの「小さな缶セット」から、白いものをプラスモデル製のパーツから流用している

4 自動車用パーツメーカーの看板はWEB上から検索してきた画像を厚紙にプリントアウトし、表面をスポンジヤスリでこすって荒らした後にアクリル溶剤で溶いたピグメントでサビを描き込んで再現。**5** 窓の内側のステッカー類もWEB上の画像データをプリントアウトしたもの。窓枠はcobaanii mokei工房によってレーザーカットされた紙製素材を使用し、透明プラ板に貼り付けて製作。窓にはクリーム色のピグメントをアクリル溶剤で溶いたものを塗りつけ、乾燥後に乾いた筆で表面をこすり余分なピグメントを落として薄く埃が積もった様子を再現した。**6** 外壁を這うツタはcobaanii mokei工房によってレーザーカットされたものを使用。一般店舗での販売はされていないが、ディアゴスティーニから限定販売されるダイオラマ製作キット「Sweet Garden」に付属している。**7** 雨樋は半分に切ったプラパイプに細切りにしたプラ板を貼り付けてディテールを足し、プラ棒で下に伸びるパイプをつけ足して製作した。こちらにもアクリル溶剤で溶いたピグメントを塗って汚れをつけている。**8** ガレージ入り口の上に配されたランプにはチップLEDが埋め込まれている。ランプの傘はジャンクパーツを元にして自作したものをレジンキャストで複製して使用。ランプのアームは直径1mmの真ちゅうパイプを曲げて製作した。**9** ガレージ入り口の脇に貼られた看板類もすべてWEBから検索してきた画像データを厚紙に印刷したもの。他の看板と同じくスポンジヤスリでこすり、色の剥がれを加えている。脇の樹木はツゲの木の枝を使用し、バーリンデンのオランダドライフラワーで細かい枝を増やしている。葉は紙創りの製品を植えて製作した。**10** ガレージ入り口上のランプを点灯させた状態。他の電飾を搭載した作品と同様に、チップLEDは電球色を使用。**11** 自作したマフラーのサビ表現はアクリル溶剤で溶かした茶系統のピグメントを何層か塗って再現している

Aこのダイオラマの主役を務めたタスカモデリズモの「ツュンダップKS750」。キットにはサイドカーも付属しているが本作ではバイク単体で使用した。1/24のバイクキットは極めて貴重。またディテールなどの密度感や正確さも非常に素晴らしく、特にエッチングパーツなしで繊細な表現を実現した前後輪のスポークの出来は一見の価値あり。B建物の脇に据えられた棚はSweet Styleの「棚セットA」に付属するふたつの棚のうち、小さいものを組んで使用した。C1/24で工具を揃えることのできるキットとして貴重なのがフジミの「1/24 ガレージ&ツールセット」。このほかにもフジミは1/24のF1用ツールセットやサーフボードやルーフボックス、自転車など同スケールの民間車用アクセサリーのセット、さらに日本国内の信号やガードレールといったキットも販売している。D建物脇の棚の横に立てかけられたジュースボックスはSweet Styleの「ジュースボックスセットA」を使用。これも奥川氏の作品では定番のアクセサリーだ

Hang Loose! 1981

ハングルーズ！ 1981　1/32スケール（2004年製作）

最後にお目にかけるのは、今までご紹介してきた作品を製作する
約10年前に奥川氏が手がけた大きめの情景作品
日本のどこか、海のそばに建つまるでビーチハウスのような建物
海側から見るとそうは見えないが、道路側から見ると
なんと模型店という、意外性のあるダイオラマがこの作品である
スケールも現在奥川氏がメインで製作している1/24ではなく1/32
設定も日本国内と現在の作風と異なる点もあるが
数多く引用された海外の看板類や、アメリカ西海岸を彷彿とさせるテイスト
そして各部に大胆にパーツを引用しながらも
リアルなエフェクトで細部を引き締める方法論など
すでにこの当時から現在の作品群に連なる技法が
垣間見える逸品でもあるのだ

「とにかくこの時はたくさん看板が取り付けられている建物を作りたかったんですよ」と奥川氏が語る通り、海岸側から見た時にはまるで海外の雑貨店のように至る所に金属製の看板が貼られているこの作品。一見すると海外の建物のような見た目ながら、建物の裏側にまわると実は模型店、という意外性が楽しい作品である。

この建物も本書に収録した他の作品と同様にスチレンボードを組み合わせて基本構造が組み立てられており、その上からホームセンターで購入した薄板を貼り付け、塗装した上からスポンジヤスリで削って風合いを出す、という基本的な技法は現在にも引き継がれているものだ。

各部に大量に貼り付けられたアメリカ製の看板類はミッドセンチュリーのアメリカ製看板を集めた資料集や鉄道模型用の看板素材を厚紙にカラーコピーしたものを使用している。

また模型店の前に植えられているひまわりは当時発売されていた情景用のエッチングパーツを利用。手前の電信柱は木製の丸棒をエナメル塗料で着色して使用し、電線は釣り用のテグスやフライフィッシングで疑似餌を製作するためのラバー製コードを太さによって適宜使いわけている

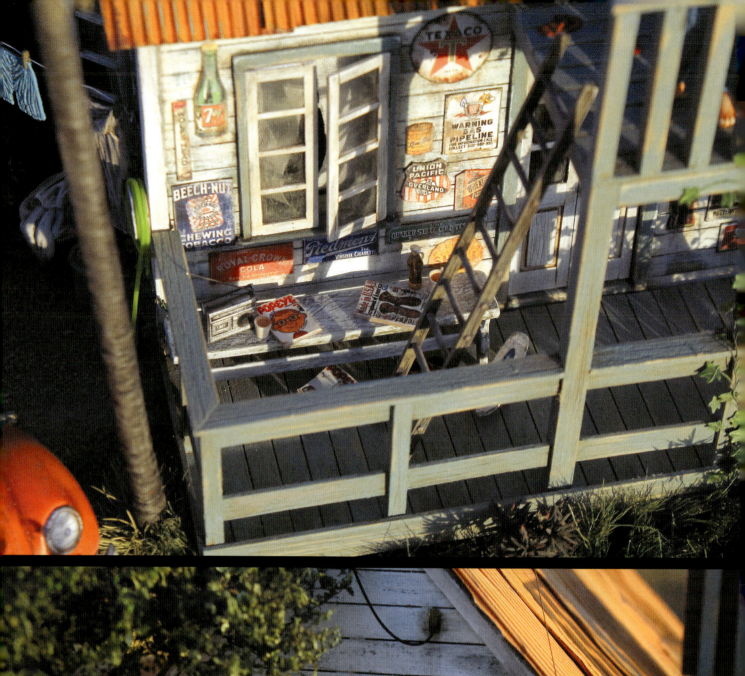

情景内に配置されているフォルクスワーゲンとホンダ T360の2台の自動車はどちらもアリイの「1/32 オーナーズクラブ」のキットを使用。フォルクスワーゲンのルーフにはプラ材で組んだキャリアをジャンクのエッチングパーツで組んだフレームで取り付けているが、それ以外の部分は無改造で使用している。

ベースは板を3枚重ねて自作。砂地の地面は絵画用のテクスチャー素材を塗った上から水溶性のマットメディウムを塗り、その上にミリオンという園芸用の細かい粉末状の砂を撒いて固定。硬化後にサンド系のラッカー塗料を吹き付けて塗装し、茶系のエナメル塗料を薄く流して色調に変化をつけている。

逆側の舗装道路はベースの形に合わせて紙ヤスリを切り抜いたもので作成。ムラを残すようにして薄めたバフを吹いて埃を再現し、アスファルトの質感を表現した。歩道はスチレンボードを切り抜いてベースに敷き詰め、グレー系の塗料数色で塗装している。

模型店のエントランス付近に群生している草はドライフラワーとフライフィッシングで疑似餌を作るのに使う羽毛類を組み合わせ、ボリュームを出したものを使用。ヤシの木はプライザー製のパーツを使用、店舗の屋根は1/35のAFV用に販売されているアルミ製の波板で葺いている。またサーフボードはバルサの薄板を削りだして作成。ラッカーパテをラッカー溶剤で溶いたもので目止めした上からアクリル塗料で塗装している。

フィギュア2体もヤシの木と同じくプライザーの1/32フィギュアから作成。服を着ていない状態のフィギュアからポーズを変更し、エポキシパテで衣服を盛りつけている

❶窓は枠を細切りにした木の薄板で製作し、窓自体は透明プラ板を切り抜いたものを貼っている。内部のカーテンはガーゼを使って製作した。❷ポーチの手すりと柱は木製の角材を使って製作。塗装はすべてアクリル塗料を使い、表面を軽くヤスリがけして仕上げた。❸ポーチに置かれたベンチはADVダイオラマコンセプトのインジェクションプラスチック製パーツ。雑誌類はWEBから集めた画像を縮小して印刷したもの。❹ベース左脇のネームプレートはパソコン用描画ソフトで作成したものを印刷してベースに貼り付けた。❺建物の裏手に吊られた洗濯物はプラスモデルの1/35のアクセサリーを使っている。❻ベンチの脇に置かれたブーツはレッドウイングのワークブーツをイメージ。1/35スケールの軍用ブーツのアクセサリーパーツに細い針金で靴紐を追加し、イメージソースのレッドウイングらしいブラウンで塗装している。❼店先に立つ人形はESSOのイメージキャラクターである"ドロップボーイ"。市販のキーチェーン用のフィギュアを流用し、「OPEN」の看板はWEBで検索した画像をコピーしたものだ

1 アメリカ製の看板が数多く貼られたビーチ側とは打って変わって、昭和の日本を思わせる佇まいの道路側。建物脇の樹木は拾ってきた草の根を乾燥させたものにオランダフラワーで小枝をつけ足して全体の形を調整。葉はNOCH（ノッホ）という鉄道模型用素材を発売しているメーカーから販売されている葉用の素材を使用。葉を接着するのにはスプレーのりを使用し、枝だけの樹木にのりをスプレーしてから葉を振りかけて固定している。**2** ボンカレーのホーロー看板も、砂浜側に貼られたアメリカ製看板と同じくWEBで検索した画像を厚紙に印刷。表面をスポンジヤスリで軽くこすった後に薄めた茶系統のエナメル塗料で表面のサビを書き加えている。製作当時はピグメントなどの素材を使用していなかったので、サビの表現が最新の作品と比較して淡泊である。**3** 模型店の横に停められたカワサキ 750RSは当時販売されていた食玩から流用している。ブレーキパイプなどはフライフィッシング用の疑似餌を作成するためのラバー製ワイヤーを使っている。**4** ホンダ T360の荷台の幌はティッシュを水溶性マットメディウムを塗って固め、その上からラッカー溶剤で薄く溶いたラッカーパテを筆塗りして質感を調整している。またT360のルーフのキャリアはホームセンターで購入した木材の薄板を組み合わせたものに真ちゅう線で枠を作り、プラ棒でルーフに接続して製作した。各部のスミ入れにはエナメル系のブラウンを中心に数色を使用。モールドを強調すると同時に車体の表面にうっすらサビが浮いた状態も再現し、長年使い込まれた車両の質感を演出している

A ポーチの脇に停められた自転車はタミヤの「1/35 ドイツ歩兵 自転車行軍セット」に付属しているものを改造して使用。この作品で配置したものにはハンドルの前にカゴを取り付けられている。このキットには自転車が2台入っている。**B** 道路側に置かれた郵便ポストはアリイ(現マイクロエース)の「1/32 昭和の歳時記 郵便屋」からパーツを流用。キットにはベース、人形、樹木がセットされているが、本作ではポストのみを使った。**C D** 情景内に配置された2台の自動車、フォルクスワーゲンとホンダT360はアリイの「1/32 オーナーズクラブ」のキットを使用。このシリーズのキットは現在でも比較的簡単に入手でき、1/32スケールということでAFVモデル用のアクセサリーが手軽に使用できるので、情景製作には打ってつけのシリーズである。箱絵の通りホンダT360の荷台には幌がついていないため、奥川氏はこの部分を自作。さらに両方の自動車のルーフに自作したキャリアーのパーツをとりつけ、いかにも実用性を重視した車の雰囲気をプラスしている

5 模型店本体の建物の横に建っているバスの停留所はスチレンボードの箱組みでまず外壁の芯材を作成し、表面に絵画用のテクスチャー素材をざっくりと塗りつけてざらついた外壁を表現。埃をかぶった窓は透明プラ板に細切りにした木材で窓枠を作り、プラ板部分に薄く希釈したタミヤエナメルのバフをエアブラシで吹き付ける。乾燥後エナメル溶剤を染みこませた綿棒で表面を拭い、曇った状態としている。キンチョールの看板は他の看板と同じくWEB上の画像を厚紙にプリントアウトしたもの。**6** 停留所の脇のドラム缶はタミヤ製の「1/35 ジェリカンセット」を使用。横のグレーの缶はアカデミーのベトナム戦争時の米軍アクセサリーパーツから。さらにその横の「ケロリン」の桶は当時販売されていた食玩をそのまま使っている。**7** 停留所の中に置かれているベンチは木製の角材や板材を組み合わせて自作。塗装はエナメル塗料による。また停留所の内部のタイル張りの床は建築模型用のパターンシートを切り分けて貼り付けた。レトロな形状の郵便ポストはアリイ製のパーツ。赤で塗装した後にエナメルのブラウンとブラックできつめのウォッシングを施している

how to build sweet style vol.2

LIVING ROOM A with stairs
sweet style 1/24 small Diorama series.

how to build sweet style vol.2

奥川氏によるSweet Style製作の解説、後半は室内の情景を再現した
「階段のある部屋 リビングルームA」の製作方法を紹介する
その名前の通り、奥に2階へと続く階段を備えたこのキット
屋外の情景だった「カフェ エントランス」とは異なり
板材を組み合わせて情景全体のかたちを作っていく方式のキットだが
レーザーカットで作られたパーツは非常に高精度で
組み立てに際してパーツのかみ合わせに調整が必要な箇所などはない
屋外の情景だった「カフェ エントランス」にくらべ
地面を製作したり草を生やしたり……といった工程がないことから
比較的難易度の低い題材であるこのリビングルーム
全体の工程は椅子などの小物を組み立てる工程を
室内全体に広げたようなかたちとなっており
壁や床、階段などは家具類とほぼ同様の塗装プロセスで製作できる
また、このダイオラマは姉妹商品といえる
同じSweet Styleの「書斎」と連結することが可能だ
この「書斎」のキットもここで紹介する方法で製作することができるので
合わせて製作してみるのもよいだろう

階段のある部屋
リビングルームA
Sweet Style 1/24
発売中 税別3980円
Doozy Modelworks
(http://www.doozymodelworks.com/)

随所に椅子とテーブルが置かれたリビングルームを再現したこのキット。全体に木製の内装を表現したキットのため、塗装はほとんどタミヤのスミ入れ塗料でまかなえるが、窓枠の部分は白く塗装する必要がある。

各部に置かれた椅子や机は、今回の製作How toでは白色の仕上げのものとニス仕上げの塗装を再現したが、実際にはこの色で塗装しなければいけない、というわけではないので、ファレホの塗料などを用いて自分の好みの色で塗装してもかまわない。

また、階段や窓など、接着後にごまかしが利きにくい接着箇所が多いので、木工ボンドのつけすぎには注意したい。もしはみ出しても硬化する前につまようじや綿棒でこすり落とせば問題ないので、あせらずに工作を進めよう。また、接着して部品を組み合わせる箇所も多いので、接着剤が硬化するまであまり部品をいじらないように注意する。

部品の製作と塗装

まず部品を接着する前に各部品を成型し、バラバラの状態で塗装を行なう。スミ入れ塗料を活用し、木材の質感を表現しよう

1 本書36ページからの「カフェ エントランス」でベンチなどを製作したのと同じプロセスで部品を切り離し、木工ボンドで椅子とテーブルを組み立てる。猫のパーツもこの段階で切り離しておこう

2 窓枠を切り出してパーツのエッジの部分を軽くヤスリがけし、部品の切断面を少し丸めておく。細い部品なので、力を入れすぎて部品を折らないように注意する

3 壁面のパーツも表面に毛羽立ちが出ている場合があるので、全体を軽くスポンジヤスリで軽くなでておく

4 床面のパーツも壁面と同様、レーザー加工時の毛羽立ちがあったり、すこしモールドの縁のエッジが立ちすぎている箇所があるので、軽く表面をヤスリがけしておく

5 窓枠は非常に細い部品なので、板についた状態で全体にサーフェイサーを吹いておく。部品の付いた板を目玉クリップで挟んで持ち手にしておくと乾燥の時にも便利だ

6 組み立てた椅子のうち、片方にMr.カラースプレー「C42 マホガニー」を吹き付けて塗装しておく。こちらの椅子を塗装する際もクリップや洗濯ばさみで持ち手を作っておくとよい

椅子やテーブルが3つセットされているこのキットだが、今回は3つともに異なる塗装で仕上げた。ひとつの椅子は白い塗装で、もう片方はニスを塗った仕上げとしている。この塗装方法は他にも応用できるので、たとえば36ページで紹介した「カフェ エントランス」のベンチ類にも白い塗装やニスでの仕上げを施してもよいだろう。また、テーブルの脚は白い塗装としたが、この部分はファレホなどで他の色を塗ってみるのも面白い

7 階段、ドアの枠、階段の段の部分、テーブル、もう片方の椅子、床面と奥の壁にタミヤのスミ入れ塗料「ブラウン」を塗って乾燥させる。広い面積に塗る場合は平筆を用意して塗るのも手だ

8 先に塗ったスミ入れ塗料のブラウンが乾燥した後に、同じくスミ入れ塗料の「ダークブラウン」を座面のくぼんだ箇所や部品と部品の継ぎ目などに流していき、こまかくシャドーを入れる

9 シャドーを入れた後にエナメル溶剤を染みこませた綿棒でダークブラウンの部分を軽くこすり、パーツの表面で2色を馴染ませる。こすりすぎてシャドーの部分の色を落としてしまわないように

10 シャドーの塗装が完了したら椅子全体にタミヤアクリルの「クリヤーオレンジ」を筆塗りし、全体にニスを塗ったようなツヤと色合いをつける。あくまで下地が透けて見える程度にとどめるとより実感のある仕上がりになる

11 床面のパーツに塗ったスミ入れ塗料の「ブラウン」が乾いたら、こちらも椅子と同様にモールドに沿って「ダークブラウン」を流しておき、彫刻をより強調する

12 床面に塗った「ダークブラウン」が半分くらい乾いてきたところで、エナメル溶剤を染みこませた綿棒で余分なスミ入れ塗料を拭き取り、表面の色合いを馴染ませる

レーザー加工によって非常にシャープな彫刻が入れられた床面のパーツは凹部分に濃いブラウンを流し込むことでより彫刻を際立たせることができる。この塗装方法はいままで椅子やテーブルを塗ってきた方法とほぼ同じであり、慣れてくれば家具の部品を塗装するのと同じ間隔で室内全体を塗装できるはずだ。また、階段の縁の部分などを軽くヤスリがけしておくことで、人の足がすれて塗装が軽く剥がれてきた感じを表現することができる

13 テーブルの脚は白色で塗装するので、最初にスミ入れ塗料の「ブラウン」を塗ったままでこの上から塗装を重ねていく

14 脚の部分をファレホの「オフホワイト」を筆塗りして重ねていく。ここではきっちりとまんべんなく塗料を塗るのではなく、あくまで雑に、意図的に塗り残しなどを作った状態で塗装する

15 ファレホが乾燥したところで足の側面の部分などの塗料をヤスリスティックで軽く削り落とし、脚の塗料が剥げてきた状態を再現する。削りすぎてボロボロにならないように注意しよう

16 白色の塗装が完了したところでパーツの継ぎ目などくぼんだ箇所にスミ入れ塗料の「ダークブラウン」を塗っていく。この後の工程でスミ入れ塗料を拭き取るのではみ出しても問題はない

17 先ほど塗ったスミ入れ塗料を、エナメル溶剤を染みこませた綿棒で軽く拭い、表面の色合いに馴染ませる

18 ドアの枠や階段の下のシェルフの枠などの部品のエッジの部分も軽くヤスリがけし、使用感を出す。こまかい部分なので、ヤスリスティックの細めのタイプを使うと工作を進めやすい

家具の種類も豊富な Sweet Style

ワンパッケージで様々な情景を再現できるキットが揃うSweet Styleのキットだが、家具のみの製品も多数が発売されている。主なところでは「椅子セットA」(写真左上)、「アンティークな机と椅子」(写真右上)、「小さなテーブルセット」(写真左下)、「棚セットB」(写真右下)などが販売されている。

とくに椅子セットAやアンティークな机と椅子についているイスは単体で奥川氏の様々な作品に使われており、14ページに掲載されている「ペーターズサービス」の軒先や22ページの「モペッタバー」の庭先などに配置されている。

これらもすべて1/24スケールで統一されているキットなので、ここで製作している「階段のある部屋 リビングルーム」でも流用できる。また、「ガーデンエントランス ジオラマセット」などに付属している椅子やテーブルを流用してもよい。

また、塗装などの仕上げも基本的に自由なので、ファレホカラーなどを使用して好きな色で塗装しても大丈夫だ。Sweet Styleではインテリアも幅広くフォローしているので、製作者によって自由にアレンジを加えることができるのも大きな魅力なのである

19 壁面のパーツの下段に貼るパーツは接着する前に塗装しておいたほうが塗り分けが楽なため、洗濯ばさみで挟んで固定し、スミ入れ塗料の「ダークブラウン」で塗装しておく

20 先に切り離しておいた猫の部品もファレホのブラックで塗っておく。こちらも両面テープと木材でパーツを貼り付けておき、持ち手を作っておく

21 ブラックが乾燥した後、タミヤ ウェザリングマスターを軽くパーツ表面になすり付けて部品のエッジを強調し、立体感をつける

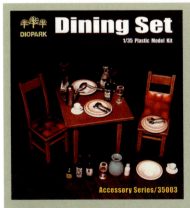

テーブルが配置されているリビングルームということになると配置したくなるのが食器類。ダイオパークからは「ダイニングセット」としてテーブルと椅子、さらに水差し、グラス、スプーン、フォーク、皿、各種ボトルなどがセットされているキットが発売されている。

スケール自体は1/35であるが、1/24のジオラマに使用しても全く違和感のないこのキット。実際に本書22ページの「モペッタバー」で椅子の上に乗せられているのはこのキットから流用したデキャンタとワイングラス、ボトルだが、一見したところとても1/35とは思えないくらい周囲の風景と馴染んでいる。このような食器類などもAFVモデル用アクセサリーとしてキットになっているので、リビングの情景を製作する際には流用してみるのも楽しいだろう

食器などのアクセサリーは1/35スケールからも流用できる

白い部分の塗装

窓枠などの部分は情景全体のアクセントとするため、今回は白色で塗装した。合わせて、椅子のうちのひとつも白く塗ることで全体でも目を引くポイントとしている

1 窓枠、椅子にはまず先に「Mr.ベースホワイト1000」を吹き付ける。窓枠は両面テープなどで板状のものに貼り付けてからスプレーを吹き付けると簡単に塗装できる

2 先にサーフェイサーを吹き付けてあったほうの窓枠パーツにはGSIクレオスの「Mr.カラースプレー つや消しホワイト」を吹き付け、白く着色しておく。まだこの段階でも板から部品を切り離さないで塗装したほうが工作がスムーズだ

3 窓枠と質感に差をつけるため、ベースホワイトが乾いたあとで椅子のほうにのみ「Mr.カラースプレー つや消しホワイト」を吹き付ける。洗濯ばさみかクリップにはさんだままで充分に乾燥するまで待つ

4 つや消しホワイトが乾燥したらスポンジヤスリで白く塗った椅子の表面を削り落とし、先に塗っておいたマホガニーの下地を出す。削りすぎてボロボロな印象にならないよう注意しよう

5 ベースホワイトの乾燥後に窓枠もパーツの縁にヤスリをかけ、塗装の剥げを表現する。力を入れすぎて窓枠を折ってしまわないよう気をつける

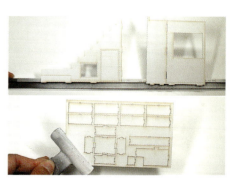

6 壁用のパーツおよび階段の段部分の白いパーツはあらかじめ白い色がついているので今回は塗装せずにそのまま使用。レーザーカットの際のうっすらとした焦げをそのまま活かして製作している